너는 나에게 상처를 줄 수 없다 2

누구를 사랑하든, 누구와 일하든
당당하게 살고 싶은 나를 위한 심리학

너는
나에게
상처를
줄수없다

Nobody can hurt me
without my permission.

2

베르벨 바르데츠키 지음 | 두행숙 옮김

걷는나무
walking tree

누구와 함께 있든
당당하게 살고 싶은 당신에게

34년 동안 마음이 아픈 사람들을 만나면서 깨달은 것이 있다. 다른 사람에게 받은 상처를 치유하는 것만으로는 상처가 사라지지 않는다는 것이다. 세상에서 나에게 가장 많은 상처를 주는 사람은 다른 누구도 아닌 바로 '나 자신'이기 때문이다.

사람들은 항상 사랑받고 싶다, 더 행복해지고 싶다, 더 이상 상처받고 싶지 않다고 말하지만, 정작 그 모든 것들이 오는 길을 가로막고 있는 것은 스스로를 믿지 못하는 나의 마음이다. 우리는 사랑하는 동안에는 버림받을까 봐 두려워하고, 행복할 때는 내가 이렇게 행복해도 될까 불안해하며, 상처받고 싶지 않다고 말하면서도 과거의 마음 아팠던 기억에서 벗어나지 못한다. 스스로를 부족하고 보잘것없다고 느끼고 신뢰하지 않기 때문에 지금 이 순간의 행복을 누리지 못하는 것이다. 즉, 자기 자신을 믿지 못하는 내면의 두려움, '자기 회의(self-doubt)'가 상처를 되풀이하게 만드는 가장 큰 원인이자 모든 상처의 시작점이라는 말이다. 나는 이 책에서 다른 사람의 시선과 평판을 의식하느라 정작 자기 자신에 대해서는 진지하게 고민해 보지 못했던 사람들에게, 자기 삶에 집중하고 당당하게 인생을 살아갈 수 있는 방법을 알려 주고자 한다.

독일어로 자기 회의를 뜻하는 'Selbstzweifel(젤프스트츠바이펠)'이라는 말에는 '둘로 갈라진다'는 의미가 담겨 있다. 스스로를 의심하는 순간, '나'라는 자아가 자기 의지대로 당당하게 살아가려는 사람과 열등감에 사로잡혀 스스로를 못났다고 생각하는 사람으로 분열된다는 뜻이다. 정신분석학에서는 이런 '분리' 현상을 심리적 방어기제의 한 종류로 본다.

아이들은 다정하기만 했던 부모가 갑자기 화를 내거나 짜증을 내면 그 상황을 견디지 못한다. 그래서 화를 내는 부모를 진짜 부모가 아니라 나쁜 가짜 부모라고 인식한다. 그렇게 함으로써 엄마가 자기를 사랑하지 않는다는 두려움에서 벗어나는 한편 계속 엄마에게 의지할 수도 있는 것이다. 자기 회의에 빠진 사람들도 마찬가지다. 우월한 쪽과 열등한 쪽, 강자와 약자 같은 기준으로 자신의 내면을 둘로 나눔으로써, 나약하고 무능력하게 느껴지는 단점들을 마치 내 것이 아닌 양 외면하려고 한다. 인정받지 못한다는 건 미움받는 것이라고 믿기 때문에 다른 사람들이 좋아할 것 같은 감정과 특성들만 남기고 나머지 것들은 억눌러 버리는 것이다. 그러나 그렇게 되면 억눌린 감정들은 결국 열등감이 되어 마음의 균열을 일으키고, 스스로를 한없이 부족한 사람이라고 생각하게 만든다.

사실 자기 회의는 사람이라면 누구나 갖고 있는 너무나 인간적인 갈등이다. 낯설고 새로운 도전 앞에서 불안감을 느끼고 무엇이 최선인지 결정할 수 없어 갈팡질팡하는 것은 너무나 당연하지 않은가. 그러나 문제는 자기 회의가 지나간 상처를 헤집어 자신의 능력으로 충분히 감당할 수 있는 일조차 무조건 할 수 없다고 결론을 내린다는 것이다.

자기 회의에 빠진 사람들은 낯선 사람을 만날 때마다 '그 사람에 비해 나는 어떻지?'라고 물으며 자신을 깎아내린다. 혼자 있을 때는 그토록 자신만만하고 안정감 있던 사람도 자기보다 더 우월해 보이는 사람이 나타나면 금세 의기소침해져서 '왜 나는 이것밖에 안 되지?'라고 스스로를 다그친다. 그래서 직장에서나 가정에서나 쉴 새 없이 일하고 항상 더 많은 책임을 떠안으며 어떻게든 인정과 관심을 받으려고 애쓴다.

그리고 더 이상 상처받고 싶지 않다는 이유로 많은 것들을 지레 포기해 버린다. 새로운 인간관계를 만들지 않고, 도전하고 낯선 곳으로 떠나는 것을 먼 미래로 미룬다. 시도하지 않음으로써 실패할 가능성을 사전에 차단하는 것이다. 그러나 그런 자기 보호는 오히려 열등감만 더 키우고 두려움에 자기 자신을 가두게 된다. 이런 자기 회의의 함정에서 벗어나기 위해서는 수많은 단점과 한계에도 불구하고 나는 꽤 괜찮은 사람이라고 자기 자신을 받아들이고 사랑할 줄 알아야 한다.

사람들은 다른 사람이 준 상처가 마음의 벽을 쌓았다고 생각하지만 사실 마음의 감옥을 만든 것은 스스로를 믿지 못하는 끝없는 의심이다. 자기 회의는 우리에게서 타인의 시선으로부터 자유로워질 용기와 새로운 것에 도전하는 기쁨을 빼앗고 오직 안전하고 익숙한 것에만 매달리게 만든다. 그러면 더 이상 상처받을 일은 일어나지 않겠지만 우리가 진짜 원하는 당당하고 행복한 삶 또한 만날 수 없다.

우리는 각자 타고난 운명에 맞서야 한다. 상한 마음을 돌보지 않고 덮어 버리면 상처는 점점 커지고 혼자 힘으로는 감당하기 어려울 정도로 곪아 버린다. 이 곪은 상처가 또 다른 상처를 끌어들이고 행복해지려고 할 때마다 어두운 그늘을 드리우는 것이다.

근본적으로 내가 무엇을 할 수 있는지 없는지를 알아낼 수 있는 유일한 방법은 자신의 능력이 의심스럽다고 해도 일단 시도해 보는 것이다. 설사 그 시도가 실패로 끝난다 할지라도 우리는 그 과정에서 성장한다.

당신의 마음은 당신이 생각하는 것보다 그렇게 약하지 않다. 그 사실을 의심하지 말길 바란다.

배르벨 바르데츠키

Contents

Chapter 1

자기를 사랑하는 사람은
누구도 함부로 하지 못한다

우리는 모든 사람에게
사랑받을 수는 없지만
적어도 나 자신으로부터는
언제나 사랑받을 수 있다.

다른 아이가
먼저 걷기 시작했다고
주저앉는 아이는 없다

> 행복하기만을 바란다면 쉽게 이룰 수 있을 것이다.
> 그러나 우리는 언제나 다른 사람보다
> 더 행복하기를 바라기 때문에 행복해질 수 없다.
> _샤를 드 몽테스키외

한때 내 모든 관심사는 '왜 우리는 상처받는가?'였다. 왜 우리는 남들이 부러워할 만한 자리에 있으면서도 열등감을 느끼고 특별히 뚱뚱한 것도 아닌데 다이어트에 목을 매며, 진정한 사랑을 찾아 헤매면서도 정작 사랑을 찾았을 때는 도망치려는 걸까?

34년이라는 짧지 않은 시간 동안 마음이 아픈 사람들을 만나 이야기를 나누면서 나는 상처라는 것이 모든 사람의 운명에 적어도 하나씩은 자리 잡고 있는 삶의 일부임을 깨달았다. 다만 어떤 사람에게는 지독한 첫사랑처럼 지워도 지워도 되살아나 인생을 망가뜨리기도 하고, 어떤 사람에게는 싱거운 풋사랑처럼 마음에 큰 흔적을 남기지 않고 지나갈 뿐이다. 분명한 것은 다른 누군가와 함께 살아가는 한 상처를 주고받을 수밖에 없으며 이겨내기 위해 끊임없이 노력해야 한다는 사실이다.

그러나 사람과 사람 사이에서 발생한 상처라고 해도 다른 사람과의 관계를 개선하는 것만으로는 바닥에 내동댕이쳐진 자존감을 다시 일으켜 세울 수 없다. 지나간 상처에 계속 물을 주고 자라게 만드는 것은 다른 누구도 아닌 나 자신이기 때문이다.

마음의 상처는 단순 찰과상이 아니다. 충분히 사랑받지 못해서, 인정받지 못해서 또는 거부당해서 받은 고통은 마음 깊은 곳에 '두려움'이라는 강력한 불씨를 심어 놓는다. 언제 옮겨 붙을지 모르는 이 불씨를 끄기 전에는 상처가 다시 되살아나는 것을 막을 수 없다.

하버드 의과대학 베셀 반 데어 콜크 교수에 의하면 닫힌 공간에서 전기 충격을 받은 쥐들은 충격이 멈추고 문이 열려도 방 밖으로 나가지 못한다고 한다. 그들은 마치 그 공간이 세상의 전부인 것처럼 무기력하게 벽을 따라 뱅뱅 돌 뿐이다.

내면에 두려움을 지니고 사는 사람들도 마찬가지다. 상처를 치유해도 보이는 증상만 잠잠해질 뿐 불안으로부터 벗어나지 못한다. 그래서 끝없이 다른 사람과 비교하며 자기 삶을 깎아내리고 지금 누릴 수 있는 행복을 놓쳐 버린다. 이렇게 반복되는 상처의 악순환에서 벗어나기 위해서는 습관처럼 깊이 우리 삶에 뿌리 박혀 있는 부정적인 생각들, 타인의 아름다움을 탐내고 남의 삶을 흉내 내며 순수한 열정을 잃게 만드는 '내면의 두려움'을 들여다봐야 한다.

타인의 시선에 갇힌 사람들

모파상의 소설 『목걸이』의 주인공 마틸드는 혼자 있을 때면 대저택에서 호화롭게 살며 값비싼 보석과 화려한 드레스로 치장하고 사교계를 주름잡는 상상을 했다. 그러나 현실은 매일 저녁, 때 묻은 식탁보를 훔치며 남편을 위해 밥상을 차리는 하급관리인의 아내일 뿐이었다. 그러던 어느 날 그녀는 남편으로부터 그토록 바라던 상류층의 파티 초대장을 받게 된다. 복권이라도 당첨된 것처럼 초대장을 건네며 의기양양해하는 남편에게 마틸드는 벌컥 화를 낸다.

"대체 뭘 입고 가라는 거예요? 이런 꼴로 갈 수는 없어요. 나보다 좋은 옷을 가진 아내가 있는 사람에게 줘 버려요."

결국 마틸드는 하룻밤 파티를 위해 전 재산을 다 걸어도 살 수 없는 금액의 목걸이를 빌린 후에야 들뜬 마음으로 파티에 갈 수 있었다.

사람은 누구나 다른 사람보다 더 나은 존재로 보이고 싶어 하는 욕망을 가지고 있다. 다른 사람보다 뒤처지고 하찮은 사람이 되거나 그런 삶을 살고 싶어 하는 사람은 아무도 없다. 그래서 우리는 끊임없이 남과 자신을 비교하며 자신의 가치를 평가하려고 한다. 나는 친구보다 시험을 잘 봤나, 나는 동료보다 월급을 더 받나, 나는 다른 여자보다 예쁜가, 나는 다른 남자보다 힘이 센가, 나는 다른 사람보다 잘 살고 있나 라는 식으로 말이다.

만약 이런 '비교'가 자신의 가치를 깎아내리거나 남보다 우월해 보이기 위한 수단으로 쓰이지 않는다면 좋은 이정표가 될 수도 있다. 냉장고에 붙여 놓은 모델 사진이 때때로 식욕을 참는 데 도움을 주듯이 나태한 생활에 긴장감을 주고 뭔가 새로운 일에 도전하도록 우리를 자극하기 때문이다.

그러나 다른 사람이 소유한 것이나 그들이 성취한 것이 내 행복의 유일한 기준이 되면, 그때부터 비교는 자신을 깎아내리고 현실을 부정하는 것 외에는 아무 역할도 하지 못한다.

내가 가치 있는 존재가 되기 위해서 꼭 다른 사람을 앞질러야 한다면 지금의 나는 언제나 열등한 존재일 수밖에 없다. 그 사람을 앞질러야 한다는 건 다시 말해 지금의 나는 그 사람보다 부족하다고 믿는다는 뜻이기 때문이다. 결국 인생은 더 좋은 미래를 만드는 일에 저당 잡히고, 마음은 늘 질투심에 가득 차 불행해진다. 남의 행복만을 동경하는 사람이 어떻게 자기만의 삶을 풍요롭게 체험할 수 있겠는가.

내가 최고여야 해, 항상

피오나는 카페에 앉아 있으면 다른 손님들이 잠시 말을 멈추고 쳐다볼 정도로 아름다웠다. 그럴 때마다 그녀는 햇살 아래 핀 꽃처럼 화사하게 미소 지으며 더 자신만만하게 이야기를 이어나갔다. 그런데 그녀가 갑자기 의기소침해지는 순간이 있다. 그 카페 안에 또 다른 아름다운 여성이 들어섰을 때다. 피오나는 상대를 보자마자 10초도 안 돼 장점을 찾아냈고 순식간에 마법이 풀린 신데렐라처럼 초라해졌다. 내가 보기에 카페에 들어온 여자는 피오나보다 아름답지 않았다. 하지만 그녀는 자신의 단점과 상대의 장점을 비교하며 스스로를 깎아내릴 뿐 자신이 가진 매력은 생각조차 하지 못했다.

스스로를 믿지 못하는 마음은 나와 타인을 비교하게 만든다. 더군다나 피오나처럼 오직 다른 사람과의 비교를 통해서 존재 가치를 입증하려고 하는 사람들은 '그 사람에 비해 나는 어떻지?'라는 물음에 특별한 이유도 없이 '별로다'라는 답을 내려 버린다. 자신의 가치에 의심을 품을수록 다른 사람은 훨씬 뛰어나 보이기 때문이다. 이런 비교가 습관이 되면 10초 만에 장점을 찾아내는 놀라운 통찰력은 인생을 개척하는 데 쓰이지 못하고 다른 사람들의 장점을 찾아내 스스로를 비하하는 데만 쓰일 수밖에 없다.

우리는 각각 다른 생김새와 다른 재능을 가지고 태어났고 매일 서로 다른 선택을 하며 예측할 수 없는 인생을 살아간다. 그런 '다름'을 인정하지 않고 오직 외적인 기준으로만 삶을 평가하면 우리는 결코 만족스런 인생을 살아갈 수 없다.

내가 아는 어떤 사람은 친구보다 더 좋은 차를 타지 않으면 우울해했다. 그는 버는 돈의 대부분을 차를 바꾸는 데 썼지만,

그렇다고 항상 행복하지는 않았다. 새 차가 주는 기쁨은 3개월
도 안 가 시들해졌고 또 다른 친구가 더 좋은 차를 끌고 나타났
기 때문이다.

사람들은 물질적인 기준으로 삶을 평가할 수 있다고 착각하
지만, 다른 사람보다 큰 차를 타고, 넓은 집에 살고, 비싼 옷을
입고, 좋은 대학에 가고, 많은 돈을 버는 데 엄청난 시간과 능
력을 쏟아 부어 얻은 우월감은 언제 그것들이 사라질지 모른
다는 불안감만 안겨 줄 뿐이다.

나만 불행하다는 착각

미국 미주리 주립 대학교 마가렛 더피 교수는 700명의 학생
들을 대상으로 한 연구에서 소셜 네트워크의 긍정적인 면과
부정적인 면을 비교했다. 그 결과 소셜 네트워크를 소통 도구
가 아니라 친구들이 어떻게 지내는지 확인하는 데 사용하면
우울증에 걸릴 위험이 커진다고 한다. 사진 속의 호화로운 휴
양지, 행복해 보이는 친구의 얼굴을 세수도 안 하고 컴퓨터 앞
에 매달려 있는 자신과 비교하면서 '모두 행복한데 나만 이 모
양이다'라는 식으로 좌절감을 느낀다는 것이다. 이런 좌절감

은 실연당했을 때, 실직했을 때, 시험에서 떨어졌을 때처럼 자기 삶이 잘 풀리지 않는다고 생각될 때 더욱 심해져 심각한 우울증으로까지 이어졌다.

더피 교수 연구팀은 이런 SNS 우울증에서 벗어나기 위해서는 사진 속 진실을 직시해야 한다고 말한다. 페이스북에 올라온 사진은 '지속되는 일상'이 아니라 '가장 아름다운 순간'이라는 것이다. 우리가 사진을 찍을 때를 떠올려 보면 그 말이 무슨 뜻인지 알 수 있을 것이다. 만약 다른 사람에게 보여 줄 용도로 사진을 찍는다면, 최소한 열 번 정도 촬영한 후 그중에서 가장 예쁘게 나온 사진을 보여 줄 것이다. 다른 사람들도 마찬가지다.

대부분의 사람들은 소셜 네트워크를 통해 자신의 성취나 강점을 부각하려고 한다. 유명 식당의 맛있는 음식, 선물 받은 명품 백, 행복하고 활기찬 휴가 사진을 올리며 그것이 마치 매일 일어나는 일상인 것처럼 보이게 만든다. 생각해 보라. 가까운 친구는 물론 친구의 친구, 회사 동료, 짝사랑하는 사람, 심지어 그의 엄마까지도 볼 가능성이 있는 페이스북에 방금 자다 일어나 퉁퉁 부운 사진을 누가 올리겠는가? 그러니 화려한 사진 속 친구와 거울에 비친 후줄근한 자신을 비교하기 전에 셀카

봉을 들고 최대한 손을 뻗고 있는 우스꽝스러운 모습을 상상하는 게 훨씬 현실적이다.

잘났든 못났든, 나의 삶에 집중하라

그뢰넨바흐 병원에서 연구할 때 알게 된 한 동료는 나에게 이런 고백을 한 적이 있다. 고등학교 때 항상 자신을 제치고 성적 우수 장학금을 차지하던 친구를 이기기 위해 3년 동안 악착같이 공부해 그 친구가 가고 싶어 하던 명문대에 들어갔는데, 나중에 알고 보니 그 친구는 아직 뭘 공부하고 싶은지 모르겠다며 대학 입학 대신 여행을 떠났다고 한다. 그녀는 그 어느 때보다 심한 허탈감을 느꼈다. 그 친구가 읽은 책은 다 찾아 읽고 더 오랜 시간 책상에서 버티기 위해 안간힘을 썼는데 상대는 그 경쟁에 참여하지도 않고 오직 자기 인생에만 집중했던 것이다.

그녀는 갑자기 방향을 잃은 사람처럼 흔들렸다. 비교 대상이 사라지니 뭘 해야 할지 갈피를 잡을 수 없었던 것이다. 결국 입학한 지 1년 만에 전공 공부가 적성에 안 맞는다는 것을 깨닫고 다른 학교에 진학했다.

다른 아이가 먼저 걷기 시작했다고
'난 졌어. 내 인생은 실패야' 라고 좌절하는 아이는 없다.
그렇기 때문에 조금 더디더라도 일어서서 걸을 수 있는 것이다.
비교하지 말고, 흉내 내지 말고 자기 방식대로 살아가라.

'나는 나 자신을 어떻게 생각하지? 나는 있는 그대로의 내 모습과 내가 하는 일을 좋아하고 있나?'라고 묻는 대신에 '다른 사람들은 나를 어떻게 생각하지? 그들은 나의 행동을 어떻게 평가할까? 이기려면 어떻게 해야 하지?'에만 치중하면 자신이 원하는 것과 점점 동떨어진 선택을 하며 남의 인생을 살 수밖에 없다.

물론 다른 사람과 함께 살아가는 한 비교하는 일을 완전히 멈출 수는 없다. 사람은 태어나면서부터 본능적으로 서로를 비교하고 경쟁한다. 또래 친구들이나 형제와 함께 자란 아이들이 상대적으로 말을 빨리 배우고 빨리 걷는 것도 이 때문이다. 그러나 다른 아이가 먼저 두 발로 걷기 시작했다고 해서 '난 졌어. 내 인생은 실패야'라고 좌절하는 아이는 없다. 그렇기 때문에 조금 더디더라도 일어서서 걸을 수 있는 것이다.

지나친 비교는 자기가 어떤 장점이 있고 어떤 단점이 있는 사람인지, 노력해서 얻을 수 있는 것이 무엇이고 노력해도 안 되는 한계가 어디인지 똑바로 보지 못하게 눈을 가리고 이룰 수 없는 환상만 좇으며 시간을 낭비하게 만든다. 그렇게 자기를 제대로 보지 못하기 때문에 스스로를 부끄럽게 여기는 내면의 두려움을 키우는 것이다.

우리가 말하는 행복한 삶이란 모든 것을 다 가진 것도 아니고 남보다 경제적으로 부유하게 사는 것도 아니다. 내가 현재 가지고 있는 장점을 바탕으로 원하는 삶을 만들어 가는 과정 그 자체다. 현재의 '나'가 아니라 그럴듯해 보이는 '누군가'를 바라보며 사는 삶은 행복할 수가 없다. 현재의 내가 할 수 있는 일들이 무엇인지 집중해야 후회가 덜한 인생을 살아갈 수 있다.

스스로를
믿지 못하기 때문에
상처받는 것이다

마음을 열어. 누군가 올 거야.
누군가 널 위해 올 거라고.
하지만 먼저 네가 마음의 문을 열어야 해.
_케이트 디카밀로, 『에드워드 툴레인의 신기한 여행』

5년 전 갓 대학을 졸업한 줄리는 그리스로 여행을 다녀왔다.
당시 그리스는 국가 재정이 악화돼 유로회원국과 IMF로부터
구제 금융을 지원받은 상태였다. 실업률이 치솟고 가계 경제
가 무너지고 있다는 뉴스들이 쏟아져 나왔지만 줄리는 아테네
는 전과 다름없이 평화롭다며 가족들을 안심시키고 예정대로
여행을 떠났다.

3일 동안 그녀는 아크로폴리스와 아테네 구석구석을 누비

며 자유롭게 돌아다녔다. 관광객들로 인산인해를 이뤘을 로마에 비하면 오히려 한산한 이 도시가 휴가를 즐기기에 훨씬 낫다는 생각이 들 정도로 평화롭고 한가로운 시간이었다고 했다. 그런데 4일째 되던 날, 그런 한가로움이 공포로 바뀌는 사건이 일어났다.

이른 아침 줄리는 산토리니행 페리를 타기 위해 피레우스 항구로 가는 지하철을 기다리고 있었다. 그때 저쪽에서 경찰관 한 명이 조용히 다가오더니 주변을 살피며 귓속말로 이렇게 속삭였다. "지금 아테네에는 절도범들이 넘쳐 나고 있습니다. 노인이든 아이든 구분할 것 없이 네댓 명 정도가 당신을 에워싼다면 무슨 수를 써서라도 그 자리를 뚫고 도망치세요." 그녀는 아무렇지도 않은 척하려고 노력했지만 도저히 그럴 수가 없었다. 알아서 도망치라니. 게다가 '노인이든 아이든' 이라니 이게 무슨 무서운 일인가. 줄리는 그 순간부터 주변의 모든 사람들이 절도범으로 보였다고 한다. 심지어 그 경찰관마저도. 그리고 머릿속에는 이 도시에서 벗어나야 한다는 생각만 맴돌 뿐이었다.

그녀는 마치 결투에 나가는 전사처럼 결연한 마음으로 전철에 올라 가급적 사람들과 멀리 떨어진 곳에 섰다. 자신을 향해 미소를 짓는 아이와 눈이 마주쳤을 때는 함께 웃어 주기는커녕 아이를 안고 있는 그 엄마가 어린 자식을 이용해 자기를 안심시키고 접근할지 모른다는 가능성을 생각하느라 머리가 터질 지경이었다. 마침내 피레우스에 도착해 안도의 한숨을 내쉬려는데 그녀는 문득 자기 옆에 대여섯 명의 사람들이 바짝 붙어 있다는 것을 알아차렸다. 줄리는 쿵쿵 뛰는 심장 소리를 숨기려고 애쓰며 냅다 항구를 향해 달려갔다. 그리고 가장 먼저 출발하는 크레타행 페리 승차권을 끊었다.

그때 그녀의 머리와 마음은 온통 '의심'으로 뒤덮여 있었다. 낯선 사람에게 먼저 손을 내밀고 이국적인 것들에 매혹되던 그녀였지만 이곳은 안전하지 않다, 사람들은 모두 내 돈을 노리는 범죄자고 나를 지킬 수 없을지도 모른다는 의심에 결박당하자 줄리는 더 이상 여행의 기쁨과 호기심을 느낄 수 없었다.

'의심'이란 이런 것이다. 현명한 상황 판단을 할 수 없게 만들고 오직 두려움을 피하는 데만 골몰하게 만든다. 그런데 이 의심이 자기 자신을 향한다면 어떻겠는가. 누군가 손가락으로 자신을 가리키기만 해도 '난 보잘것없어'라고 좌절하며 어디로든 숨을 궁리만 하게 될 것이다.

다시 말해 스스로를 의심하는 마음, 자기 회의(Self-doubt)

가 바로 상처를 일으키는 시작점이라는 말이다.

상처가 시작되는 곳, 자기 회의

드넓은 평원에 돌도끼를 든 원시인이 서 있다. 그는 멀리서 다가오는 매머드를 바라보며 손에 힘이 들어가는 것을 느낀다. 그리고 생각한다. '내가 저 놈을 이길 수 있을까? 저 뾰족한 뿔에 받혀 죽거나 바위처럼 단단한 다리에 밟혀 죽지 않을까? 어느 면으로 보나 저 놈은 나보다 강한데.' 그는 가던 길을 멈추고 다시 돌아갈지, 맞설지, 다른 대안을 찾을 것인지 고민한다.

이런 머뭇거림이 바로 '자기 회의'다. 사실 자기 회의는 상처받은 사람들의 전형적인 특징이 아니라 사람이라면 누구나 갖고 있는 너무나 인간적인 갈등이다. 낯선 것들과 마주쳤을 때 불안감을 느끼고, 어떤 상황에서 무엇이 최선인지 결정하지 못하고, 자신의 감정과 의무 사이에서 갈팡질팡하게 되는 것은 당연하지 않은가. 만약 자기 회의라는 것이 아예 없다면 인류는 무모하게 매머드에게 도전해서 죽었거나 도망만 치다 죽었을 것이다. 또 위험을 피하기 위해 집을 짓거나 무기를 개발할 생각도 하지 못했을 것이다.

건강한 자기 회의는 지금 하는 일이 위험하다거나 능력 밖의 힘을 요구하는 것임을 알려 주는 일종의 경고가 되기도 하고, 동시에 그것을 극복하고 뛰어넘으려는 용기를 불러일으키기도 한다. 문제는 자기 회의가 지나간 상처를 끌어올려 충분히 할 수 있는 일까지도 무조건 할 수 없다는 부정적인 결론을 내릴 때다.

공포영화에서는 '우린 모두 죽게 될 거야'라고 흐느끼며 지레 포기하는 사람은 반드시 죽는다. 살 가능성이 없다고 생각해 살 방법을 찾지도 않기 때문이다. 마찬가지로, 언젠가 상처받을 거라고 생각하는 사람은 십중팔구 상처받는다. 거짓말쟁이의 눈에는 거짓말만 보이고 사랑에 빠진 사람들의 눈에는 세상 모든 것이 아름다워 보이듯이, 상처받을 거라고 생각하는 사람의 눈에는 모든 게 자신을 거부하는 것으로 보이기 때문이다.

이렇게 자기 자신에 대한 믿음이 사라지면 모든 말과 행동에 제동이 걸리기 시작하고, 망신당할지 모른다는 불안 때문에 자신의 바람과 전혀 다른 결정을 내리게 된다. 그리고 자기가 하고 있는 일이 옳은지 아닌지를 다른 사람에게서 확인받으려고 한다. 다른 사람의 동의는 갈팡질팡하는 마음을 진정시켜 주고 내가 아주 틀린 것은 아니라는 용기를 주기 때문이다.

그러나 그것은 잠시 잠깐 불안을 가라앉혀 주는 진정제일 뿐 확신을 주지는 못한다. 만약 그 사람이 다음번에 똑같은 상황에 처한다면 그는 똑같은 방식으로 자신의 능력을 의심하고 다른 사람의 결정에 의지하게 될 것이다.

어떤 형태로든 크고 작은 상처를 입은 사람들은 낯설고 새롭고 어려운 일과 맞닥뜨렸을 때 '할 수 있을까, 없을까' 라는 자기 회의에 부딪쳐 쉽게 '할 수 없다' 쪽으로 결정을 내린다. 그것이 더 이상 상처받지 않고 스스로를 보호하는 길이라고 생각하기 때문이다. 그래서 또 다시 넘어져 다칠지도 모른다는 의심 때문에 자전거를 타지 못하고, 버림받을지 모른다는 의심 때문에 마음껏 사랑하지 못하며, 실패할지 모른다는 의심 때문에 기회를 놓친다. 그러나 할 수 없다고 생각해 포기하는 것들이 많아질수록 상처 또한 더 뚜렷하게 각인되는 법이다.

결국 자기 회의는 우리에게서 용기와 새로운 것에 대한 호기심, 도전하는 기쁨을 빼앗으며 오직 안전하고 익숙한 것에만 매달리게 만든다. 시도하지 않음으로써 실패할 가능성을 차단하는 것이다. 새로운 인간관계를 만들지 않고, 도전하지 않고, 낯선 곳으로 떠나는 것을 먼 미래로 미룬다. 특히 상처받은 사람들은 자기 회의에 빠지면 우울한 현실을 안전한 은신처라고 생각한다. 그래서 갈림길에 설 때마다 '안락해 보이는 처량한 쪽'을 선택한다. 그러나 불안감에서 내리는 결정은 그것이 무엇이든 간에 우리의 고통을 강화시키며 새로운 것과 발전을 향해 나아가는 길을 방해할 뿐이다. 하루하루 포기하는 것들만 늘어가는 삶에 어떤 행복이 있겠는가.

자신을 믿지 못하면 반드시 상처받는다

한 내담자는 말끝마다 "제 표현이 맞나요? 제 행동이 옳았나요?"라고 묻는 버릇이 있었다. 어떤 날은 회의 시간에 발표할 기획안을 보여 주며 설득력이 있는지, 자신이 발표를 해도 될지 물어보기도 했다. 그러나 내 의견과 상관없이 아직 부족하다는 이유로 거의 대부분의 기획안을 발표하지 않았다. 그는 자신이 기획한 프로젝트가 성공해서 인정받길 원했지만 그럴 기회가 올 때마다 자신의 능력을 의심하느라 어떤 기회도 잡지 못했다. 그런가 하면 어떤 내담자는 오랫동안 꿈꿔왔던 시나리오 작가가 워크숍에 참가한 첫날, 쟁쟁한 이력의 동기생들과 초라한 자신의 이력을 비교하며 스스로를 깎아내리다가 재능이 없는 것 같다며 참가비도 포기하고 집으로 돌아오고 말았다. 그곳에서 단 한 문장도 써 보지 않고서 말이다.

　사람들은 다른 사람이 준 상처가 벽을 쌓았다고 생각하지만 사실 마음의 감옥을 만든 것은 스스로를 믿지 못하는 끝없는 의심이다. 사람들이 어떻게 생각하든 나는 최선을 다했고 내 생각이 옳다고 믿는다면 이 사람 저 사람에게 기획안을 보여 주며 초조해할 필요가 뭐가 있겠는가, 또 할 수 있다는 자신감이 있었다면 그토록 참가하고 싶어 했던 워크숍에서 작품 하나 완성하지 않고 하루 만에 돌아오지는 않았을 것이다. 자신을 의심하는 순간 인생은 방해물로 가득 찬 가시밭길이 된다. 그 의심을 거두어야 상처도 막을 수 있다.

외롭다고
사랑하지도 않는 사람을
만나는 당신에게

나는 배웠다. 다른 사람으로 하여금 나를 사랑하게 만들 수는 없다는 것을.
내가 할 수 있는 일이 있다면 사랑받을 만한 사람이 되는 것뿐임을.
사랑은 사랑하는 사람의 선택이므로.
_오마르 워싱턴, 「나는 배웠다」

겉으로 보면 누구보다 당당하고 부족할 게 하나도 없어 보이는데 유독 사랑 앞에서만 약해지는 사람들이 있다. 그들은 상대의 말 한마디에 절절매고 어느 날 갑자기 혼자 남겨질까 봐 불안에 떤다. 주위 사람들이 보기에는 도무지 그 사람에게 매달리는 이유를 이해할 수 없을 정도로 힘들어 보이는데 그들은 자신을 희생하면서까지 사랑을 지속시키기 위해 안간힘을 쓴다.

세 번째 남자친구와 헤어졌을 때, 레니아는 자신이 정말 지긋지긋한 연애만 반복하고 있다고 느꼈다. 그녀는 이기적이고 무심하며 누군가에게 얽매이는 걸 죽기보다 싫어하는 소위 '나쁜 남자'에게 마음을 빼앗겼다. 레니아는 자기가 왜 그런 사람에게만 끌리는지 알 수가 없다고 하면서도 번번이 자신을 존중해 주는 착한 사람은 지루하다고 차버리고 자신에게 함부로 하는 남자에게 빠져 들었다. 그런 사람에게 사랑받는다고 느낄 때 자신이 더 대단하게 생각된다는 것이다. 그러나 이해할 수 없는 것은 그 남자가 레니아의 사랑에 정신을 차리고 진심으로 다가가기 시작하면 불에 댄 듯 깜짝 놀라 뒤로 물러선다는 사실이었다. 그녀는 심지어 "그렇게 쉽게 한 여자에게 넘어가는 '못난이'와는 사귀고 싶지 않다"고 말하기까지 했다. 그래서 레니아는 서른한 살이 될 때까지 배려를 모르는 남자에게 마음을 빼앗기고 사랑과 관심을 받지 못해 아파하다가 사랑을 받을 때쯤이면 도망치는 과정을 반복하고 있었다.

그녀는 남녀관계가 거친 폭풍과 같다고 생각했다. 발을 디디는 순간 폭풍에 휩쓸려 영원히 자기 자신을 잃어버릴지도 모른다고 말이다. 그래서 관심의 대상이 되기 위해 온갖 노력을 기울이다가도 정작 누군가 가까이 다가오면 한 걸음 뒤로 물러났다. 자신의 세계가 완전히 사라질까 봐 겁이 났기 때문이다. 그녀가 바라는 이상형은 하루라도 지루하지 않게 긴장감을 불러일으키고, 힘들 때는 곁에 머물며 든든한 사랑을 주고, 피곤할 때는 아무 말도 없이 사라지도록 내버려 두는 사람이었다. 그러나 그런 사람이 없다는 걸 누구보다 잘 알고 있기 때문에 상처를 받더라도 짜릿하고 자극적인 사랑만 찾아다녔던 것이다.

사랑은 트로피가 아니다

사랑을 통해 자신의 가치를 높이려는 사람들은 상대를 독립된 인격체로 바라보지 않는다. 그들은 자라는 과정에서 충분히 받지 못한 사랑과 관심, 인정, 존중을 현재 만나고 있는 사람에게 대신 보상받으려고 한다. 그래서 훌륭해 보이는 완벽한 파트너를 찾아 '의존적 공생 관계'를 맺거나 자신과 비슷한 문제를 가진 사람이나 자기보다 떨어지는 사람을 만나 보살펴 주면서 텅 빈 마음을 채우려고 한다.

의존적 공생 관계란 한마디로 서로가 서로에게 가장 사랑하고 가장 필요한 존재가 되는 관계다. 사랑을 할 때마다 이런 의존적 공생 관계를 맺으려는 여성들은 남자친구와 같은 생각, 같은 목표, 같은 삶의 의미를 갖고 싶어 한다. 그리고 그렇게 함으로써 상대와 완전히 하나가 되어 어린 시절 받았던 공주 대접을 다시 받으려고 한다. 그들은 자신이 세상에서 가장 예쁘고 멋진 사람이라고 생각하며 자기가 원하는 것은 무엇이든 다 이루어져야 한다고 믿는다. 자동적으로 그들에게 남자친구는 오로지 자기만 바라보고 사는 존재, 자신을 행복하게 해 주는 것이 유일한 삶의 목표인 사람이어야 한다.

이런 의존적 공생 관계를 사랑이라고 믿는 사람들은 자신이 적극적으로 상대가 원하는 것에 맞추면 두 사람의 관계를 마음대로 조종할 수 있다고 생각한다. 그래서 멋지고 완벽한 사람이 되기 위해 발버둥 치며 상대의 마음과 헌신을 독차지 하려고 한다. 그러나 진짜 희생이 아니라 희생하는 척하는 사랑은 오래가지 못한다. 그 대가로 얻는 것이 언제나 자기가 생각하는 것보다 미미하게 느껴지기 때문이다. 그러면 희생은 집착으로 변하고 점점 더 노골적으로 상대에게 대가를 바라게 된다.

그런가 하면 자기보다 부족하고 자신과 비슷한 마음의 문제를 가진 사람을 만나 그를 돕고 보살피면서 공허함을 해소하려는 사람들도 있다. 그들은 스스로를 중요하지 않은 사람이나 가치가 미약한 존재라고 생각한다. 그래서 자신보다 더 무능하게 여겨지는 파트너를 만나 가치를 드높이려고 한다.

한 내담자는 외모는 매력적이지만 직업도 없고 비관적이며 매일 술에 절어 사는 남자와 만나고 있었다. 당시 그녀는 사랑에 실패하고 승진에서도 밀려서 그야말로 비참한 기분이었다. 그런데 자신보다 더 암담한 상황에 있으면서도 별다른 노력도 하지 않고 그냥 되는 대로 사는 그 남자와 함께 있을 때는 왠지 자기 인생이 그리 나쁘지 않게 느껴졌다. 또 약간은 방탕해 보이는 그와 시간을 보내고 나면 꽉 짜인 일상에 숨통이 트이는 것도 같았다. 그래서 그녀는 힘들 때마다 그를 불러냈다. 그에게만큼은 자신의 상처받고 겁먹은 내면, 소심하고 불안한 생각들을 숨김없이 드러내 보여도 괜찮다는 생각이 들었기 때문이다. 그러나 그런 위로는 오래 가지 못했다. 술을 끊겠다고 말한 지 반나절 만에 다시 술에 취해 전화를 거는 그와 통화할 때마다 그녀는 자신이 시간 낭비를 하고 있다는 생각을 떨칠 수 없었다. 친구와 함께 술집에 갔다가 잔뜩 취해 앉아 있는 그를 외면한 어느 날, 그녀는 고통스런 현실을 외면하기 위해 그를 방패막이로 이용했다는 것을 깨닫게 됐다. 이런 관계는 그에

게도 자신에게도 좋지 않은 것이었다. 술에 중독되듯이 잠시
잠깐 일상에서 벗어나는 쾌감을 느꼈을 뿐 두 사람의 관계는
아무것도 변화시킬 수 없었다. 중독의 끝은 고통만 남을 뿐이
니까. 그녀는 그제야 마음의 밑바닥에서 외치는 '더 이상 이렇
게 살 수는 없다'는 목소리를 들었고 그 사람과의 관계를 정리
할 수 있었다.

외로움과 열등감을 사랑으로 덮으려 하지 마라

정신과전문의 하르트무트 오버디크는 가정에서 친밀하고
안정적인 사랑을 경험하지 못한 사람들은 누군가와 진지하고
따뜻한 관계를 맺는 것을 어려워한다고 말한다. 그들은 조금
이라도 관계가 깊어지면 그 사람을 완전히 책임져야 할지도
모른다는 두려움을 느낀다. 그리고 어린 시절 느낀 상실감을
잊게 할 만큼 자극적이고 짜릿한 관계만을 찾아다닌다. 그것
이 자신의 마음을 할퀴고 상처 입힐 줄 알면서도 안정적인 관
계가 주는 평범함을 견디지 못하는 것이다.

끊임없는 부부싸움 때문에 늘 긴장감이 돌았던 가정, 아이
의 감정을 이해하지 못하고 극도로 엄격한 자녀교육만을 강조

한 가정, 가족끼리 마음을 터놓고 대화하지 않는 가정에서 자란 아이들은 자존감을 발전시키지 못해 성인이 되어서도 친밀하고 안정적인 관계를 맺지 못한다.

사랑받고 싶은 마음, 능력을 인정받고 싶은 마음, 인격적으로 존중받고 싶은 마음, 감정을 공유하고 대화를 하고 싶은 마음 등을 거부당하면 우리는 스스로를 불완전하게 인식하고 신뢰하지 못하게 되기 때문이다. 그렇게 되면 사람들은 사랑을 얻고 인정받기 위해 상대에게 억지로 자신을 끼워 맞추고 희생하거나, 마음대로 조종할 수 있을 것 같은 상대를 찾아 나선다. 그래서 한참 나이가 어린 여성을 선택하기도 하고 일부러 소심하고 자존감이 낮은 사람을 만나는 사람도 있다. 있는 그대로의 모습으로 자연스럽게 살고 싶어서가 아니라 자신이 '강자'가 되어 주도권을 갖고 싶기 때문이다.

그러나 낮은 자존감을 높여 주는 것은 더 낮은 자존감을 가진 사람이 아니라 자기 스스로를 사랑하고 인정하는 것이다.

만날수록 상처만 받을 거라는 걸 알면서도 똑같은 사람을 만나고 똑같은 문제를 겪고 똑같은 이유로 헤어지는 사람들에게 가장 부족한 것은 자기 자신의 진심을 들여다보는 진지함

외로움을 견딜 수 없다고 누군가와 만나지 마라.
낮은 자존감을 높여 주는 것은 높은 자존감을 가진 다른 사람이 아니라
자기 스스로를 사랑하고 인정하는 것이다.

이다. 그들은 자신의 문제를 다른 사람을 통해 해결하려고 한다. 자기 스스로 '내 얼굴은 이만하면 괜찮아'라고 인정해 주지 않으면서 다른 사람이 예쁘다고 말해 주기를 기대하고, '나는 꽤 괜찮은 사람이다'라고 믿지 못하면서 다른 사람이 좋아해 주기를 기다린다. 그러나 자기 자신을 의심하면 그 누구의 사랑도 받을 수 없다. 설사 다른 사람이 인정해 준다 해도 1초 만에 '그 말이 진심일까?' 하고 의심하게 될 것이다.

사랑을 시작하기도 전에 버림받을까 봐 겁부터 먹는 사람들은 다른 사람과 관계를 맺는 것 자체를 두려워한다. 그들의 문제는 외로움이 아니다. 그들은 스스로를 믿지 못하기 때문에 사람 사이에 오가는 진심의 힘을 알지 못한다. 진심어린 걱정과 응원, 생각과 감정의 교류, 따스한 스킨십이 지닌 힘을 깨닫기 위해서는 상대가 나를 사랑하는가에 집착해서는 안 된다. 내가 나를 얼마나 중요하게 생각하는가를 먼저 고민해 봐야 한다. 외로움 때문에, 열등감 때문에 누군가에게 매달리는 것은 사랑이 아니다.

다른 사람으로부터 떨어져 나와 온전히 나 자신의 힘으로 세상과 마주할 때 사랑을 할 수도 받을 수도 있다. 우리는 누군가의 빈자리, 침묵, 외로움, 쓸쓸함을 견디기 힘들어 하지만 혼자 있는 시간이 없다면 어디로 가는지도 모른 채 아무 길이나 흘러가 버릴 것이다.

두 번 세 번 사랑에 실패했다고 좌절하지 마라. 사랑의 실패는 고통스럽고 자신을 세상에서 가장 형편없는 사람으로 느낄 만큼 비참함을 안겨 주지만, 마음의 밑바닥에서 소리치는 '이대로 살 수는 없어'라는 목소리를 외면하지 않는다면 우리는 인생에서 가장 중요하고 의미 있는 사랑을 다시 시작할 수 있다. 자기 자신에게 집중하고 최선을 다해 스스로를 보살피는 사랑 말이다.

그러니 외로움을 견딜 수 없다는 이유로 누군가와 만나지 마라. 사랑을 하면서도 자유로워야 진짜 사랑이다.

어떤 순간에도
자신의 편에 서라

어떤 삶을 만들어 갈 것인가는
전적으로 나 자신에게 달려 있다.
필요한 해답은 모두 내 안에 있으니까.
_ 하인츠 쾨르너, 『아주 철학적인 오후』

영화 〈블루 재스민〉에서 재스민은 뉴욕의 고급 아파트에 살
며 전용 수영장에서 수영을 즐기고 화려한 파티와 명품으로
채워진 삶을 사는 최상류층 부인이다. 신분상승을 꿈꾸며 부
유한 이혼남이었던 남편과 결혼해 마음껏 사치를 누리던 그
녀는 어느 날 남편의 외도를 알게 되고 사업마저 파산하면서
졸지에 빈털터리 신세가 되고 만다. 몇 걸음만 나가도 명품 매
장이 즐비한 고급 주택가에서 차이나타운의 허름한 뒷골목으

로 하루아침에 삶의 터전이 바뀌어 버린 그녀에게 인생은 빨리 깨어나고 싶은 악몽일 뿐이다. 마트 계산원으로 일하는 여동생과 그녀의 일용직 남자친구를 루저라고 생각하지만 현실은 그들과 함께 밥을 먹고 같은 집에서 살며 신경 안정제와 술로 하루하루를 버티는 방법밖에 없다. 그녀는 에르메스 백과 샤넬 재킷으로 그들과 자신을 구별하려고 하지만 그럴수록 자신의 처량한 처지만 더욱 부각된다. 재스민은 울부짖는다. "얼마 전까지 파티를 주최했던 사람이 지금은 신발 사이즈나 재고 있다고!"

재스민이 불행한 진짜 이유는 가난해졌기 때문이 아니라 화려했던 과거에 비해 현재가 너무나 보잘것없기 때문이다. '뉴욕에서 가장 화려하게 살던 사람 중 하나'였던 자신이 명품이 뭔지도 모르는 사람들의 비위를 맞추며 돈을 벌어야 한다는 사실을 도저히 받아들일 수가 없는 것이다. 그녀는 끝내 현실을 거부하고 거짓말로 자신을 그럴듯하게 포장한 채, 상류사회로 데려가 줄 조건 좋은 남자를 찾아 나선다. 그렇게 하지 않고는 추락한 자신의 가치와 인생을 복구할 수 없다고 생각하기 때문이다.

샤넬 백이 해 줄 수 없는 것

우리가 스스로의 가치를 믿지 못하고 자기 방식대로 용기 있게 삶을 헤쳐 나가지 못하는 이유는 '다른 사람들이 나를 어떻게 생각할까' 라는 불안을 느끼기 때문이다. 그래서 우리는 사회가 요구하는 기준에 자신을 끼워 맞추고 다른 사람의 마음에 드는 행동을 함으로써 불안을 해소하려고 한다. 졸업과 동시에 취업에 성공하기 위해 대학 생활을 포기하고 결혼하기 위해 사람을 만나며 결혼한 다음에는 아이를 낳아야 한다는 압박감을 느낀다.

특히 자신의 가치를 인정받지 못하고 자라 자존감이 약한 사람들은 사회가 인정하는 대로 살지 않으면 의미 없는 인생이라는 생각을 갖는다. 그래서 악착같이 성공을 좇으며 다른 사람들이 부러워하는 삶을 살려고 한다. 그러나 그런 삶은 다른 사람의 평가에 자기 인생을 통째로 맡겨 버리는 셈이다. 재스민처럼 자신을 지탱해 주던 물질적인 조건들이 하루아침에 사라지거나, 누군가에게 비난받고 외면당하는 일이 생기면 관심이 사라짐과 동시에 자존감도 완전히 추락하고 만다.

하지만 그때 흔들림 없이 내 편을 들어주는 존재를 발견한다면 우리는 허공에서 극적으로 구조되어 스스로를 다시 일으켜 세우고 새 삶을 시작할 수 있다. 그런 구원의 존재는 사랑하는 사람도 부모도 될 수 없다. 오직 나만이 나에게 그런 존재가 될 수 있다.

알렉상드르 졸리앙은 스위스 태생의 젊은 철학자이자 세 아이의 아버지이며 뇌성마비를 가진 장애인이다. 그는 자신의 책 『나를 아프게 하는 것이 나를 강하게 만든다』에서 비정상적인 몸뚱이가 한없이 부끄럽게 느껴졌던 어느 날의 이야기를 고백한다. 그날 알렉상드르는 기차역에 서서 다른 사람들을 바라보다가 갑자기 근육질의 건장한 남자가 되고 싶다는 생각에 사로잡혔다. 그러자 '왜 내 몸은 이렇게 태어났나, 멋지지는 않아도 최소한 아무런 장애가 없는 몸을 가질 수는 없었나' 하는 원망과 분노가 솟구치며 하늘에 대고 고함이라도 지르고 싶은 심정이 됐다. 그는 잔뜩 화가 난 채 수도원에 있는 베네딕토 수사에게 전화를 걸었다. 그리고 참을 수 없는 몸에 대한 불만을 마구 쏟아냈다.

수사는 그의 말을 다 들어준 다음에 이렇게 물었다. "만약 자네의 아들에게 장애가 있다면 그래도 그 아이를 사랑하겠나?" 알렉상드르는 당연히 사랑할 거라고 대답했다. 오히려 지금보다 훨씬 더 아끼고 사랑해 줄 것이라고 말이다. 그 말에 수사는 이렇게 말했다. "그럼, 오늘 당장, 그 역에 있는 자네의 몸뚱어리를 자식처럼 보살펴 주게."

지금보다 더 날씬하다면 우리는 맵시 있게 옷을 입고 예쁘게 나온 사진을 찍을 수 있을 것이다. 지금보다 더 돈이 많다면 돈 걱정 없이 원하는 것들을 가질 수 있을 것이고, 더 똑똑하다면 시험에서 더 좋은 점수를 받을 수도 있을 것이다. 그러나 더 많이 갖고 더 똑똑해진다고 해서 지금보다 더 행복해질 거라고 확신할 수는 없다. 당신도 이미 알 것이다. 사실은 지금 이대로 얼마든지 행복하게 살아갈 수 있다는 것을 말이다.

외모를 포함해 내가 소유한 것들은 삶의 행복 가운데 아주 작은 일부에 지나지 않는다. 샤넬 백으로 다른 사람의 부러움을 살 수는 있어도 진심어린 존중을 받지는 못하며, 아름다운 얼굴에 따뜻한 마음이 없다면 진정한 친구를 얻을 수 없다. 진심을 주고받는 관계와 삶에 대한 만족은 외적인 것이 아니라 내적인 것에 달려 있기 때문이다.

강한 자존감의 비밀

나는 우연히 미국의 흑인 여가수 샤론 존스의 기사를 읽고 작은 감동을 받았다. 그녀는 한 매체와의 인터뷰에서 뚱뚱하고 전혀 예쁘지 않은 얼굴로 20년 동안 사랑받는 가수로 활동할 수 있었던 비결을 묻는 질문에 이렇게 대답했다.

"당신 말대로 난 키도 작고, 피부도 검은데다가, 너무 뚱뚱해요. 하지만 어머니는 늘 내게 이렇게 말씀하셨죠. '딸아, 있는 그대로의 네 모습을 당당하게 보여 줘라, 그러면 너는 물론 다른 모든 사람들이 네가 가치 있는 사람이라는 것을 느끼게 될 거란다'라고 말입니다."

우리는 결핍감을 주입하는 시대에 살고 있다. 세상에는 점점 더 좋은 물건들이 쏟아져 나와 쓰고 있는 것들을 낡아 보이게 만들고 TV에선 바람만 불어도 쓰러질 것 같은 연약한 사람들이 출연해 살을 빼지 않으면 사랑받지 못할 거라고 겁을 준다. 그러나 세상에 일정하게 정해진 행복의 표준 지표란 존재하지 않는다. 이러이러한 것들을 갖추면 행복하고 없으면 불행하다는 조건표도 없다. 다만 지금의 나보다 더 즐거워 보이고 자신 있어 보이는 사람들을 보면서 마치 그런 기준이 있는 것처럼 착각하는 것이다. 삶이란 다른 사람을 흉내 내서는 행복해질 수 없다.

나이가 50살이 되면 우리는 더 이상 20대처럼 탄력 있는 피부를 유지할 수 없다. 체력도 예전 같지 않을 것이다. 그런데도 계속 젊음을 유지해야 한다고 생각한다면 우리는 어쩔 수 없이 열등감을 느낄 것이다. 그러나 나이가 드는 것에 대한 장점과 풍요로움을 찾게 된다면 비록 외적인 기준에는 못 미치지만 스스로 만족할 수는 있다.

자존감이 있는 사람들은 스스로를 부끄럽게 생각하지 않는다. 지금 있는 그대로 자신을 사랑하며 인생에서 마주치게 되는 수많은 도전에 용기 있게 맞선다. 처음으로 학교에 가던 날, 처음으로 또래 친구를 사귀던 날, 처음 사랑을 느꼈던 날 등 낯선 경험 앞에서 느끼는 두려움을 이겨내고 '나는 해낼 수 있다'라고 스스로에게 힘을 준다. 그러므로 자신을 유일한 존재로 만들어 주는 자기만의 가치를 찾는 데 당신의 시간을 써라.

인간은 누구나 유일하다. 당신도 그렇다.

삶은
누구에게나 어렵다,
다만 용기를
낼 뿐이다

자기 자신과 대면하는 용기.
인생에서 적어도 한 번은 그런 용기를 내야 돼.
오로지 자기 혼자서 자기 자신과 맞서야 할 때가 있는 거라고.

_안나 가발다, 『나는 그녀를 사랑했네』

    문제라는 것은 해결하기 위해서 있는 것이지 낙담하기 위해서 있는 것이 아니다. 그러나 우리는 종종 자기 한계를 확인해 보지도 않고 어떤 일을 할 수 없다고 포기해 버린다. 자신의 능력을 과소평가하고 짐작만으로 넘지 말아야 할 선을 그어 놓는 것이다.

    심리치료사 조지 버케이는 이런 사람들을 '쇠사슬에 묶인 코끼리'에 비유한다.

쇠사슬에 묶인 코끼리

서커스 공연에 동원된 코끼리는 엄청난 몸무게와 거대한 몸집, 굉장한 힘을 보여 준다. 통나무를 부러뜨리고 바위덩어리를 굴리고 걸을 때마다 지진이 일어난 것처럼 땅을 흔들리게 해 사람들을 놀라게 한다. 그러나 공연이 끝나면 한쪽 발에 쇠사슬을 차고 작은 말뚝에 묶인 채 천막 뒤에서 얌전히 다음 공연을 기다린다. 그럴 때는 집에서 주인을 기다리는 강아지보다 더 온순하게 느껴질 정도다.

사실 코끼리의 발목을 붙들고 있는 말뚝은 겨우 몇 센티미터 정도의 깊이로 땅에 박혀 있을 뿐이다. 그러니까 코끼리가 원한다면 얼마든지 그 말뚝을 뽑아내고 야생으로 돌아갈 수도 있다는 말이다. 그런데 왜 코끼리는 그렇게 하지 않는 것일까? 코끼리로 하여금 그렇게 하지 못하게 막는 것은 무엇일까? 코끼리가 사람에게 길들여져 있기 때문일까? 만약 그렇다면 굳이 사슬은 왜 필요한 것일까? 답은 간단하다.

서커스단의 코끼리에게 말뚝에 묶여 있지 않은 세상은 존재하지 않기 때문이다. 아기 코끼리 시절부터 그 코끼리는 말뚝에 묶인 채 살아왔다. 아마도 그때는 벗어나려고 말뚝을 차기도 하고 쇠사슬을 잡아 당겨 보기도 했을 것이다. 그러나 아무리 애를 써도 아기 코끼리로서는 도저히 말뚝을 뽑을 수가 없었다. 매일같이 말뚝에서 벗어나기 위해 안간힘을 쓰고 또 쓰던 어느 날, 그 짐승은 마침내 자신의 운명을 결정짓는다. 묶여 사는 운명에 순응하게 되는 것이다. 그 후부터 코끼리는 도망가지 않는다. 어릴 때 말뚝에서 벗어나려고 했던 자신이 얼마나 무기력했는지 잘 기억하고 있기 때문이다. 더 안 좋은 것은 코끼리가 그 기억에 대해 다시는 진지하게 의문을 가져 보지 않는다는 것이다.

사람도 마찬가지다. 고통스럽다고 해서 상처를 마음속에 묻어 두고 외면하면 그 상처가 결국 코끼리의 말뚝이 되어 우리를 이러지도 저러지도 못하게 옭아맨다.

두려움이라는 말뚝을 뽑아내지 않으면 상처는 운명이 된다

엘리자는 자동차 사고로 첫째 아이를 잃었다. 학교 스쿨버스가 전복되면서 일어난 일이었다. 활짝 웃으며 뺨에 입을 맞추고 떠난 아이가 다시는 돌아올 수 없게 됐다는 사실을 그녀는 믿을 수 없었다. 게다가 불과 5년 전에 비행기 사고로 남편을 잃은 그녀였다.

문제는 해결하기 위해 있는 것이지
낙담하기 위해 있는 게 아니다.
그러나 우리는 종종 한계를 확인해 보지도 않고
어떤 일을 할 수 없다고 포기해 버린다.

상실감을 딛고 두 아이만 바라보며 꿋꿋하게 살아왔는데 삶의 희망이었던 한 아이가 세상을 떠나버린 것이다. 그녀는 크나큰 슬픔 속에 방황하다 어쩌면 이것이 잔인한 운명일지 모른다는 두려움을 느꼈다. 그리고 자신이 사랑하는 사람은 모두 떠난다는 불안에 사로잡히자 둘째 아이마저 안전하지 않은 세상에 잃을 수는 없다는 생각이 들었다. 그래서 집을 정리해 시골로 내려갔고 홈스쿨을 하며 하루 종일 아이 곁에서 떨어지지 않는 생활을 시작했다.

엘리자는 아이가 혹시라도 병에 걸릴까 봐 야외 활동을 엄격하게 통제했고 조금이라도 위험해 보이는 놀이는 절대 하지 못하게 막았다. 그러나 그럴수록 불안은 점점 더 커져만 갔고 아이는 작은 감기에도 심한 홍역을 치를 만큼 허약해졌다. 그리고 심각한 우울증에 빠져 공황 발작 증세를 보이기도 했다.

깊은 슬픔에 빠진 엄마를 거역할 수 없어 원하지 않은 생활을 받아들인 열 살짜리 아이가 마음의 병에 걸려 몸까지 병들었다는 사실은 그녀에게 엄청난 충격이었다. 아이를 잃고 싶지 않아서, 함께 행복해지고 싶어서 아이가 스스로를 지킬 수 있을 때까지 보호하려던 것이었는데, 그것이 사랑하는 자식의 인생을 망치고 있던 것이다. 그제야 그녀는 상실감과 두려움을 무조건 피하려고 했던 것이 오히려 두려움에 자신을 평생 가두는 꼴이 됐다는 것을 깨달았다. 엘리자는 다시 도시로 돌아와 아이를 학교에 보내며 나에게 물었다.

"둘째마저 저를 떠나면 어떡하죠?"

"엘리자, 죽음을 피할 수 있는 사람도 미리 준비할 수 있는 사람도 없어요. 당신도 그걸 알잖아요. 우리가 할 수 있는 일은 사랑하는 사람과 헤어지기 1분 전까지 최선을 다해 사랑하고 행복해지는 것뿐이에요."

세상에 불행할 운명이란 없다

피플지가 선정한 세계에서 가장 아름다운 50인에 뽑혔으며, 미국의 국가대표 육상선수이자 모델, 배우로도 활동하고 있는 에이미 멀린스는 다른 사람들과 눈에 띄게 다른 점이 하나 있다. 바로 두 다리가 없다는 것이다. 그녀는 선천적으로 종아리 뼈 없이 두 발이 안쪽으로 돌아간 상태로 태어나 한 살이 되던 해에 두 다리를 절단했다. 수술을 집도한 의사는 그녀의 부모에게 이 아이는 평생 절대 걸을 수 없고 다른 사람의 도움 없이는 살지 못할 테니 우울증에 걸리지 않도록 잘 보살펴야 할 거라고 말했다. 하지만 그 아이는 의족을 한 채 누구보다 활기차게 걸어 다녔고 밝고 명랑하게 친구들과 어울렸다. 그리고 대학을 졸업한 후 올림픽에 출전해 달리기와 멀리뛰기에서 높은 기록을 세우며 전 세계에 이름을 알렸다.

그녀는 어떻게 장애를 극복했냐는 사람들의 질문에 이렇게 말한다. "사전에서 장애(disabled)라는 말을 찾아본 적이 있어요. 제가 생각하는 것과 전혀 다르더군요. '불구의, 쓸모없는, 망가진, 약한' 같은 부정적이고 짙은 패배감이 묻어나는 단어였죠. 하지만 난 장애를 그렇게 생각하지 않습니다. 나에게 장애는 장애물이 아니라 능력을 일깨우고 끊임없이 나를 갈고닦을 수 있도록 자극하는 기회나 마찬가지입니다."

어쩌면 진짜 장애는 장애 때문에 아무것도 할 수 없다고 생각하는 억눌린 마음일지도 모른다. 아무런 희망도 없이 잠재력을 묵살하는 열등감과 패배감이 몸의 장애보다 더 강력하게 우리의 앞길을 가로막는 것이다.

우리는 각자 타고난 운명에 맞서야 한다. 반복해서 상처받는 사람들의 대부분은 가장 마음이 아팠던 순간의 기억을 외면해버린다. 그것을 이겨낼 수 있을지 스스로를 믿지 못하기 때문이다. 그러나 상한 마음을 돌보지 않고 덮어 버리면 상처는 점점 커지고 혼자 힘으로는 감당하기 어려울 정도로 곪아 버린다. 이 곪은 상처가 또 다른 상처를 끌어들이고 행복해지려고 할 때마다 어두운 그늘을 드리우는 것이다.

당신의 마음은 당신이 생각하는 것보다 그렇게 약하지 않다. 그리고 당신은 더 이상 다른 사람의 도움 없이는 아무것도 하지 못하는 어린아이가 아니다. 자신을 덮쳐 오는 검은 파도 앞에서 '이젠 끝이구나' 절망하는 대신 서핑을 할 수 있는 사람이 되었다. 그 사실을 의심하지 말길 바란다.

모두에게
착한 사람은
나에게
가장 나쁜 사람이다

모두의 친구는 누구의 친구도 아니다.
모든 사람을 사랑하는 건 누구도 사랑하지 않는 것이니까.
_아리스토텔레스

　미국의 전문 상담가 듀크 로빈슨은 자신의 책『좋은 사람 콤
플렉스』에서 완벽하고 착해야 한다고 믿는 사람들은 다음과
같은 아홉 가지 메시지에 지배당한다고 말한다.
　"완벽하게 일을 처리해야 한다, 친구의 부탁을 거절하면 안
된다, 이기적으로 행동하면 안 된다, 어떤 상황에서도 침착함
을 잃지 마라, 이성적으로 행동하라, 남의 기분을 상하게 하는
말이나 행동은 하지 마라, 곤경에 처한 친구를 도와라, 고통받

는 사람을 안타깝게 생각하라, 착하게 살아라."

로빈슨은 아이러니하게도 이 훌륭한 메시지들이 사람들의 인성에 부정적인 영향을 끼칠 가능성이 많다고 말한다. 왜냐하면 나의 개성과 감정은 무시한 채 온통 희생과 책임만을 강조하고 있기 때문이다.

좋은 사람이 되어야 한다는 강박관념에 사로잡힌 사람들은 아무도 할 수 없는 일을 했을 때만 자신의 가치를 인정받을 수 있다고 믿기 때문에 항상 자신의 능력보다 높은 목표를 잡고 불가능한 일에 도전한다. 그리고 다른 사람들에게 좋은 평판을 얻기 위해 기꺼이 손해와 희생을 감수한다. 그들의 목표는 '폐 끼치지 않기'다. 그래서 동료와 함께하면 30분 안에 끝낼 일을 혼자 2시간 동안 끙끙대며 처리하고 술 생각이 전혀 없는데도 상대가 원하니까 함께 술집에 간다. 문제는 진심으로 그렇게 행동하고 싶을 때만이 아니라 거의 습관적으로 자신을 희생시킨다는 것이다. 그러나 그런 조건부 희생은 자신이 생각했던 것보다 더 큰 손해를 감당해야 할 때면 순식간에 원망과 분노로 바뀐다.

'내가 2시간 동안 혼자 희생하고 있는데 아무도 안 도와줘?', '내 피곤한 얼굴 안 보이냐? 대체 몇 병이나 마시는 거야!'

이런 속마음은 자신의 에너지를 완전히 방전시켜 버릴 정도로 강력한 미움을 낳지만 절대 표정으로 드러나지 않는다. 그 사람이 정말 두려워하는 건 피곤해서 녹초가 되는 게 아니라 다른 사람으로부터 '아웃'되는 것이기 때문이다.

응원하는 조언자인가, 회초리를 든 비판자인가

어릴 적 우리는 부모로부터 안전하게 사회의 일원이 될 수 있는 방법을 배웠다. 다른 사람에게 폭력을 쓰거나 욕을 해서는 안 되고 거짓말을 하면 안 되고 사회에서 정한 규칙을 잘 지켜야 한다, 자신의 능력을 갈고 닦아야 하고 쉽게 포기하지 말고 긍정적으로 생각해야 한다 등등의 교육 말이다. 그런데 이런 교육이 지나치게 엄격하기만 하면 아이는 커서도 무조건 고분고분한 사람이 되어야 인정받을 수 있다고 믿는다. 그래서 엄격했던 부모에게 그랬던 것처럼 어떤 일을 할 때마다 냉정하고 부정적인 내면의 비판자에게 휘둘린다.

이 내면의 비판자는 누구의 마음속에나 존재하는 것이지만 그 성격은 각각 다르다. 어떤 사람에게는 자신의 좋은 특징과 잘못된 행동들을 꼼꼼히 살펴보고 더 발전할 수 있도록 계획을 세우는 조언자가 되기도 하고, 어떤 사람에게는 위에서 말한 것처럼 잘못된 행동만 지적하며 질책하는 그야말로 비판자가 된다.

엄격한 내면의 비판자가 특별히 큰 힘을 발휘하는 유형이 바로 모두에게 착하고 완벽한 사람으로 인정받으려는 사람들이다. 엄밀하게 말하면 그들은 남의 눈에는 한심하고 바보 같아 보여도 내가 누군가를 행복하게 해 줄 수 있다면 그것으로 충분하다고 생각하는, 그야말로 뼛속까지 착해 빠진 사람이 아니다. 그들은 다른 사람이 자신을 싫어하는 게 겁이 나서, 또 무시당할까 봐 두려워서 착해 보이는 행동을 하고 완벽해지려고 갖은 애를 쓰는 사람들이다. 그래서 쉴 새 없이 일하고 항상 더 많은 책임을 떠안으며 실수하지 않으려고 치열하게 노력한다.

그러나 실수하지 않기 위해 고군분투하는 삶은 언제나 실수투성이일 수밖에 없다. 그들의 내면의 비판자는 너무 엄격해서 모든 일이 잘 풀려도 반드시 마음에 들지 않는 한 가지를 찾아내기 때문이다.

내면의 비판자를 나를 옹호하는 변호사로 쓰느냐, 고발하는 검사로 쓰느냐는 자기에게 달려 있다. 온종일 자신을 비하하기만 한 사람은 잠들기 전에 항상 열등감을 느끼게 된다. 그 사람이 다음날 아침 어떤 희망찬 계획을 세울 수 있겠는가. 실수는 했지만 다음에 고칠 수 있다고 생각하는 사람은 분명 나아진다. 그러나 왜 그런 어처구니없는 실수를 했냐고 자책하기만 하는 사람은 발전이 없다.

사람은 누구나 좋은 것만 갖고, 싫은 것은 피하려고 하는 욕구를 가지고 있다. 그런데 누구에게나 좋은 사람, 완벽한 사람이 되려고 하는 것은 그 욕구를 거스르는 행동을 하게 만든다. 상대가 기분 나빠할까 봐 싫어도 좋다고 거짓말을 하고, 버벅거린 부분만 곱씹으면서 훌륭히 끝낸 발표를 망쳤다고 생각하고, 다른 사람의 부탁을 들어주기 위해 동분서주하면서도 정작 다른 사람의 도움이 필요할 때는 입도 벙긋 못하는 사람은 하루를 아무리 바쁘게 보내도 성취감을 느낄 만한 의미 있는 일을 만들지 못한다. 결과적으로 그는 늘 불만에 가득 찬 사람이 된다.

좋은 사람은 무조건 '예스'라고 말하는 사람이 아니다. 내면의 비판자가 시켜서, 다른 사람에게 잘 보이려고 뭔가 억지로 노력하는 게 아니라 진심으로 행동하고 소신 있게 말하는 사람이다. 그러니 너무 깐깐하게 스스로를 통제하지 말고 마음이 흘러가는 대로 자기 리듬에 맞춰 살아가라.

좋은 관계를 맺기 위해서 꼭 착하고 친절할 필요는 없다

당신의 내면의 비판자는 어떤 성격을 가졌는가? 실수를 했다고 느꼈을 때 내면의 비판자가 뭐라고 이야기했는지 떠올려 보라. 아무것도 떠오르지 않는다면 자주 어울리는 사람들에게 물어봐도 좋다. 그들이라면 당신이 평소에 무의식적으로 쓰는 자책하는 말투를 분명 알고 있을 것이다. 혹은 오늘 저녁 집에 돌아가 실수했던 상황을 떠올리며 어떤 감정이 드는지 느껴보는 것도 좋다.

내면의 비판자가 '넌 안 돼, 앞으로는 절대 네 생각대로 행동하지 마'라고 외치며 비난을 퍼붓는 성격인지, 잘못만 지적하고 용기를 북돋워 주는 성격인지 깨달을 수 있을 것이다. 설사 비난만 퍼붓는 쪽이라고 해도 '안 돼 난 못할 거야, 난 비난을 받아도 싸' 같은 말만큼은 절대 하지 못하게 막길 바란다. 그건 뭔가 개선해 보려는 의지마저 부숴 버리는 자기 비하일 뿐이니까. 그리고 내면의 비판자가 던지는 질문부터 의미 있게 바꿔라. 내가 스트레스를 받는 게 당연한 건가? 다른 사람의 잘못은 없었나? 어떻게 달라질 수 있지? 등등 긍정적이고 구체적인 행동을 낳을 수 있는 것만을 생각해야 한다.

우리가 기억해야 할 것은 완벽해지려는 노력 자체가 잘못됐다는 것과 다른 사람을 포용하는 데는 한계가 있다는 것이다. 내면의 비판자가 다른 사람의 마음에 들기 위해 나를 비난하기만 하면 우리는 혼자 있을 때도 다른 사람의 영향 아래 놓이게 된다. 다른 사람의 생각 속에서 산다는 것은 육체가 묶여 있는 것보다 훨씬 심각한 구속감을 준다.

다른 사람과 좋은 관계를 맺기 위해 꼭 착하고 친절할 필요는 없다. 독립적으로 서로를 존중하는 태도만 있다면 충분하다. 그러니 스스로 좋다고 생각하는 대로 행동하라. 우리가 해야 할 일은 '지금-이 순간' 바꿀 수 있는 문제를 해결하기 위해 노력하는 것이다.

한 번 만난 남자와
결혼하면 안 되는 이유

> 인간은 한꺼번에 태어나지 않고 조금씩 태어난다.
> _맥 제이, 『제대로 살아야 하는 이유』

심리학자 조녀선 프리맨은 뇌가 다른 사람의 얼굴을 인식하는 시간을 측정하는 실험을 했다. 놀랍게도 인간의 뇌는 0.033초 만에 다른 사람의 인상을 파악했으며, 그 결과를 바탕으로 '이 사람이 신뢰할 만하다, 아니다'라는 결론까지 내렸다. 길을 지나가다 언뜻 눈이 마주친 사람이라고 해도 그 사람이 믿을 만한 사람인지 아닌지 뇌는 결정을 끝냈다는 말이다. 이 실험에 의하면 뇌는 광대뼈가 들어간 사람보다 튀어나온 사람을, 눈이 작은 사람보다 큰 사람을 더 신뢰했다. 물론 이런 첫인상은 실제 성격과는 아무런 관계도 없었다.

심리학에서는 이렇게 첫인상에 영향을 받는 인간의 심리를 초두 효과(primary effect)라고 말한다. 처음 입력된 정보가 나중에 입력된 정보보다 더 큰 영향력을 발휘한다는 뜻이다. 실제로 많은 사람들이 첫인상이 좋은 사람에게 더 관대하고 이후에 부정적인 소문을 들어도 무시하는 경우가 많았다. 그토록 선한 얼굴을 한 사람이 나쁜 짓을 할 리가 없다고 믿는 것이다. 반대로 첫인상이 나빴던 사람에게는 그 후에 긍정적인 이미지들이 쌓여도 좀처럼 마음을 바꾸지 않았다. 그리고 언젠가 서운한 일이 생기면 역시 처음부터 느낌이 안 좋았다는 식으로 최종 낙인을 찍어 버린다.

첫인상이라는 편견

제인 오스틴의 소설 『오만과 편견』의 남자 주인공 다아시는 이런 초두 효과의 최대 피해자라고 할 수 있다. 처음 무도회장에 나타났을 때만 해도 다아시는 뚜렷한 이목구비와 훤칠한 키, 고상한 태도, 게다가 연 수입이 1만 파운드나 된다는 이유로 모든 사람들의 호감을 샀다. 무도회에 참석한 아가씨들에게 그는 훌륭한 외모와 지위, 재력을 갖춘 이상적인 결혼상대자였다. 그런데 몇 시간 만에 그런 좋은 이미지는 흔적도 없이 사라지고 만다. 무도회가 진행되는 내내 지루한 표정을 지으며 사람들과 어울리지도 않고 마을 아가씨들은 하나같이 미모도 떨어지고 촌스럽다고 말했기 때문이다. 여자 주인공 엘리자베스에게도 '그럭저럭 괜찮지만 관심을 가져 줄 만큼 예쁜 사람은 아니'라는 말로 자존심에 상처를 주었다. 그러자 메리턴 사람들은 그를 세상에서 가장 오만하고 무례한 사람이라고 단정지었다.

사실 다아시는 무뚝뚝해 보이지만 신중하고, 보이지 않게 선행을 베푸는 사려 깊은 면도 가지고 있는 사람이었다. 또 엘리자베스의 가족들을 혐오하면서도 신분 격차와 같은 모든 편견을 물리치고 그녀에게 프러포즈를 할 만큼 용기 있는 사람이기도 했다. 그러나 그의 첫인상과 단편적인 모습만을 기억하는 엘리자베스에게 그의 진실한 마음은 쉽게 전달되지 않는다.

오해와 갈등 속에 많은 시간을 낭비한 후에야 엘리자베스는 첫인상이 모든 걸 말해 주지 않는다는 것을 깨닫는다. 상냥하고 매너 좋은 모습에 호감을 느꼈던 위컴은 사실 거짓말쟁이에 사치스럽고 방탕한 사람이었고, 오만한 줄로만 알았던 다아시는 자신의 냉정한 행동에도 한결같은 사랑을 보여 주었기 때문이다. 엘리자베스는 자책하며 이렇게 말한다.

"맨 처음 만났을 때 한 사람은 나를 무시해서 상처를 주었고, 한 사람은 나를 치켜세워 기분 좋게 해 주었지. 그래서 난 편견과 무지 속에 제대로 판단을 내릴 이성을 몰아내 버렸어."

눈에 보이는 것이 전부가 아니라고 말하면서도 우리는 눈에 보이는 대로만 사람을 평가할 때가 많다. 실제로 그 사람이 어떤 사람인지는 알지 못한 채 그의 외모나 조건만 보고 좋은 사람, 나쁜 사람, 가까이 해도 되는 사람, 멀리 해야 할 사람이라는 식으로 평가를 내린다. 그러나 그 사람의 조건은 그의 이력일 뿐, 그의 생각이나 태도, 행동 양식을 알려 주지는 않는다. 겉모습만 보고 누군가를 판단하는 건 진짜 그 사람을 보는 게 아니라 그럴 것이라고 생각하는 나의 마음이 투영된 가짜다. 그날의 기분과 다른 사람으로부터 전해들은 정보들이 합쳐져 그 사람이 그럴 것이라고 짐작하는 것이다. 설사 그 사람의 모습이 반영됐다고 해도 아주 작은 일부에 지나지 않는다.

우리 뇌가 엄청나게 빠른 속도로 첫인상을 파악하고 상대의 말과 행동을 살피며 그가 어떤 사람인지 평가하는 것은 자신을 보호하기 위해서다. 당신도 알다시피 우리는 모든 사람과 잘 지낼 수 없다. 세상에는 나를 이용하려는 나쁜 사람도 분명 있고, 복종을 강요하는 권위적인 사람도 있으며 이유 없이 나를 싫어하는 사람도 있고 또 이유 없이 싫은 사람도 있다.

아무리 나에게 이익이 되는 사람이라고 해도 얼굴만 보면 스트레스가 쌓이는 관계라면 그 사람과는 만나지 않는 게 낫다. 그래서 우리의 뇌가 끊임없이 다른 사람을 평가하고 판단하는 것이다. 다만 기억해야 할 것은 자신이 내린 평가가 고정불변의 진리가 아니라는 것, 그리고 누군가의 평가에 전적으로 의존해서는 안 된다는 사실이다.

진정한 친구는 평가하지 않는다

며칠 째 시무룩한 얼굴로 찾아오는 내담자가 있어 무슨 고민이 있느냐 물어보니 그의 대답이 놀라웠다. 자기가 페이스북에 뭔가를 올렸는데 며칠 째 아무도 '좋아요'를 누르지 않는다는 거였다. 조회수는 올라가는데 아무도 반응하지 않는다는 것에 그는 크게 낙담했고, 그 상태로 일주일이 지나자 삶의 회의마저 느꼈다.

이렇게 다른 사람에게 인정받고 싶어 하는 사람들에게 평가는 상처를 내는 날카로운 칼날과 같다. 그들은 '역시 넌 멋있어. 잘 해낼 줄 알았어'라는 말에 힘을 얻지만, 반대로 '넌 그렇게 하지 말았어야 해, 넌 별로였어'라는 부정적인 평가에 몇 배나 더 크게 실망하고 자존감을 잃는다. 하지만 늘 나만 바라봐 주면서 응원하고 칭찬만 해 줄 사람은 세상에 없다. 결국 자신이 어떤 일을 시도할 때에 다른 사람의 평가가 중요한 동력이 되면 우리는 아무 일도 이룰 수 없다.

우리는 인생을 살면서 끊임없이 평가받는다. 어릴 때는 착한 아이, 나쁜 아이로 평가받았고 학교에 들어간 다음에는 성적으로 평가받았다. 작은 종이에 적힌 등수와 특기, 수상 내역은 이후 평생을 따라다니며 직장을 구하거나 대학에 진학할 때까지 영향을 끼치며 직장에 들어간 후에는 인사고과표에 따라 승진이냐 해고냐가 결정된다.

사회가 요구하는 기준에 따라 평가받고 A, B, C 식으로 일괄적으로 분류되는데 익숙해질수록 사람들은 점점 개인의 가치나 소망에 의해서 관계를 맺지 않고, 오직 필요에 의해 유용성을 따지며 인간관계를 수집한다. 그런 관계는 언제 무너질지 모르는 모래성 같은 것이다. 필요가 사라지면 버려지고 누구로든 대체할 수 있기 때문이다. 결국에는 사회가 요구하는 대로 부응하며 인정받기 위해 인생을 다 바쳐 노력한 착한 사람들만 상처를 입는다.

다른 사람의 평가에서 자유로워지기 위해서는 자기만의 기준으로 스스로를 평가할 수 있어야 한다. 이를 테면 나는 키가 작지만 얼굴이 작아서 꽤 봐 줄만 하다거나, 난 날씬하진 않지만 똑똑하다거나, 나는 좋은 학교를 나오지 않았지만 일을 잘한다거나, 난 인간관계가 넓지 않지만 늘 내편이 되어 줄 친구가 세 명은 있다는 식으로 자신의 장점을 찾아 자존감을 높이면 다른 사람이 부정적인 평가를 내려도 상처받지 않을 수 있다. 오히려 '잘 알지도 못하면서 날 미워하다니, 정말 개념이 없군'이라며 상대의 부정적인 평가를 받아칠 수도 있다.

나도 누군가 내 강의를 듣는데 딴짓을 하거나 아무 질문도 없으면 섭섭할 때가 있다. '이 사람들이 정말 다 이해한 걸까, 아니면 내가 빨리 사라져 주기를 바라는 걸까' 하는 생각이 드는 것이다. 또 온라인 서점에 들어갔다가 별점이 낮은 리뷰를 보면 마음이 상한다. 하지만 그것으로 '내가 이 일을 왜 선택했나'라든가, '난 강연을 할 자격이 없어'라는 식으로 스스로를 매도하지는 않는다. 그것은 내 자존감을 갉아먹는 것일 뿐, 인생에 아무 도움도 안 된다는 것을 알기 때문이다.

진심으로 우리를 걱정하고 사랑하는 사람은 자신의 잣대로 우리를 평가하지 않는다. 다만 우리가 길을 잃고 흔들릴 때 조언을 건넬 뿐이다. 슈퍼마켓 점원의 퉁명스런 말투, 그저 인사만 나누고 지내는 사람의 무신경한 말 한마디에 스스로의 가치를 깎아내리지 마라. 자신만의 매력으로 모두의 마음을 감동시키는 사람이 가장 위대한 사람이다.

비판을
다루는 법

슬픔을 두려워만 하다간 평생 메마르고 고립된 삶에서 벗어날 수 없다.
우리가 치유되는 길은 발가벗은 몸으로
직접 슬픔의 바다에 뛰어드는 방법뿐이다.
_앤 라모트, 『마음 가는 대로 산다는 것』

"난 당신이 싫어요."

누군가 나에게 이렇게 말한다면 나는 '맙소사 왜지? 뭐 때
문에 그런 거지?'라고 경악하며 순간적으로 마음이 상할 것이
다. 게다가 그 사람이 나의 내담자라거나 동료라면 상한 마음
을 위로하기 위해 꽤 많은 시간이 필요할 수도 있다. 그러나 그
때 나에게 '그래도 내 글은 많은 사람에게 도움이 되었다는 피
드백을 훨씬 많이 받았어. 나도 최선을 다했고'라는 확신이 있

다면, 얼마 지나지 않아 침착한 태도를 되찾고 구체적으로 뭐가 마음에 안 드는지 여유롭게 물어볼 수 있을 것이다.

누군가로부터 부정당하거나 거부당했을 때 우리가 느끼는 첫 반응은 '놀라움'이다. 처음 아이폰이 나왔을 때처럼 '세상에 어떻게 저런 생각을!'이라며 전혀 상상하지 못한 사건에 당황하는 것이다. 그러다 기분 나쁨, 분노, 모욕감, 수치심······ 같은 부정적인 감정들이 마음에 들어차고 그 감정을 논리적으로 부정하거나 거부할 수 없을 때 상처는 시작된다.

열심히 살아갈 것인가, 열심히 고통받을 것인가

소피는 언제 해고될지 모른다는 엄청난 불안감을 느끼고 있었다. 그녀가 비서로 일하고 있는 회사의 사장은 다혈질인데다 한 번 머리에 떠오른 말은 입 밖으로 꺼내야 직성이 풀릴 만큼 직설적인 사람이었다. 어쩌다 직원이 실수라도 하는 날에는 불같이 화를 내며 그 사람의 책상 앞으로 달려가 모욕적인 말을 쏟아냈고 당장 그만두라며 소리를 질렀다. 소피는 한 번도 직접 질책을 당한 적이 없었지만 사장이 방문을 열 때마다 자기 책상 앞으로 달려와 고함을 치는 상상을 하며 괴로워했다.

사실 소피는 열등감이 심한 사람이었다. 무엇이든지 자신보다 뛰어난 언니와 비교당하며 한심한 자식 취급을 당했고, 학교에서도 외모로나 성적으로나 전혀 눈에 띄는 학생이 아니었다. 3년 내내 같은 반이었는데 그녀를 기억하지 못하는 친구들도 있었다. 소피의 성격은 점점 더 소극적으로 변했고 1등도 아니고 꼴지도 아닌 중간, 그러니까 어떤 식으로든 주목받지 않기 위한 삶을 만들기 위해 노력했다.

　그런데 경솔하고 공격적인 상사를 만나자 매일 무대에 올라 공개적으로 실수를 지적받는 기분을 느끼게 된 것이다. 사장의 질책은 대부분 그녀의 열등감을 자극하는 내용들이었다. 그래서 그녀는 사람들이 수모를 당하는 걸 지켜볼 때마다 완전히 그들에게 감정 이입해 마치 자신이 모욕을 당하는 것 같은 굴욕감을 느꼈고, 급기야 사장이 자기에게 화가 났는데 다른 사람한테 대신 화풀이를 하고 있다고 느끼기까지 했다.

　스스로에게 확신을 갖지 못하는 소피 같은 사람에게 조급하고 공격적인 사람은 삶의 기반을 뒤흔들 정도로 큰 상처를 줄 수 있다. 상대는 아무렇지도 않게 상처 주는 말들을 쏟아내고 그것으로 어떤 양심의 가책을 느끼거나 미안해하는 성격이 아니기 때문이다. 그런 상황이라면 가급적 그 사람과 거리를 두

남의 시선으로 나를 바라보지 마라.
인정받지 못하고 초라하게 느껴져도
나는 끝까지 내 편이 되어야 원하는 삶을 살아갈 수 있다.
당당한 마음이 인생을 바꾼다.

고 멀리하는 것이 가장 좋은 대처법이다. 아무리 노력해도 어떤 사람을 완전히 다른 사람으로 만든다는 것은 불가능한 법이니까. 그러나 소피의 경우처럼 당장 다른 직장으로 옮길 수 없어 묵묵히 참아내야 하는 상태라면, 상대가 뿜어내는 독한 기운이 내 마음을 병들게 하지 못하게 안전장치를 만들어야 한다.

나는 내담자들에게 비판을 받는 상황에서 다음과 같은 질문에 스스로 답해 보라고 말한다.

1. 그 사람은 어떤 사람인가?
2. 당신이 신뢰하는 사람인가?
3. 그 사람은 당신의 인생에서 중요한 사람인가?
4. 그 사람의 말이 진실이라고 확신할 수 있는가?
5. 그의 비판은 인격을 훼손하는가, 잘못을 지적하는가?

그 사람이 이성적이고 합리적이며 내가 신뢰하는 친구 가운데 한 사람이라면 비판을 적극적으로 들어야 할 것이다. 그러나 감정적이고 조급하며 회사를 그만두면 다시 볼 사람도 아니라면 그의 잘못된 행동을 자기 탓으로 돌리고 고민하며 괴로워할 필요가 없다. 그 사람이 무례한 것이지 우리가 잘못한 일이 아니기 때문이다. 순간으로 부끄러움 때문에 판단력이 흐려져 무조건 그 말이 맞는 것 같고 비판을 받았다는 사실 자체가 무능력함의 증거라고 느껴질 수도 있다. 하지만 그 비판은 그저 상대의 주관적인 생각일 뿐 진짜 나의 모습이라고 확신할 수는 없다.

인정할 수 없는 비난을 거부하는 방법

대부분의 비판은 우리의 마음을 아프게 한다. 우리는 누군가의 불친절함, 불손함, 비꼬는 말, 충고랍시고 하는 눈치 없는 말 등 아주 작은 것으로 인해 마음이 상할 수 있다. 때로는 이 작은 것들이 격렬한 분노를 일으키는 계기가 되기도 한다.

심리학자 에벨린 크로셸은 이런 부정적인 감정들이 상처로 확정될 때 중요한 기준이 되는 것이 '자기 신뢰'라고 말한다. 스스로를 믿는 사람들은 자신이 사랑받을 자격이 충분한 사람이라고 생각한다. 그래서 무심한 말 한마디, 무례한 행동 하나에 속 끓이지 않는다. 잠시 기분이 나빠질 수는 있어도 몇 날 며칠 그 사건을 곱씹으며 앙심을 품거나 스스로를 책망하지 않는다. 자신을 믿는 만큼 비판에 강하게 대응할 수 있는 것이다.

반대로 자기 자신에 대한 평가가 불확실하고 자신의 말과 행동에 의심을 품을수록 사람들은 외부에서 오는 부정적인 이야기들을 받아치지 못하고 그대로 흡수해 버린다. 저 사람이 나를 거부하는 이유가 뭔가, 납득할 만한가를 따져 보지도 않고 '나를 싫어하는구나, 난 사랑받기 힘든 사람이구나' 하며 스스로를 무조건 폄하해 버리는 것이다.

그런 자기 비하가 계속 반복되면 나중에는 자기 자신은 물론 비판한 사람까지 무조건 경멸하며 세상으로부터 자신을 고립시킬 위험이 커진다.

실제로 상담을 하다 보면 스스로를 부정적으로 평가하고 자신의 가치를 의심하는 사람일수록 비판에서 상처로 이어지는 과정이 굉장히 짧았다. '놀라움'을 느끼는 과정이 생략되기 때문이다. 그들은 '왜지?'라는 질문 대신 즉각적으로 '맞아, 난 역시 안 돼'라고 체념해 버린다. 그들에게 비난이나 거부는 자신의 의심을 확신으로 바꿔주는 스위치다. 하루 종일 그 스위치만 보고 있는 사람에게 불빛이 달라졌다는 것이 새삼 뭐가 놀랍겠는가.

아무리 완벽한 사람이라고 해도 인생을 살면서 비판이나 비난을 당하는 상황으로부터 완전히 벗어나는 것은 불가능하다. 당신이 아는 사람이 다섯 명이라면 그중 한 사람은 당신을 싫어하고 한 사람은 좋아하며 나머지 세 사람은 당신이 뭘 하든 별 관심이 없다. 다시 말해 당신을 싫어하는 사람은 어디에나 꼭 한 명은 있게 마련이라는 말이다. 우리가 해야 할 일은 마음에 담아 두어야 할 비판과 거부해야 할 비판을 가려내는 일이다. 부당하게 느껴지는 말을 그냥 '꿀꺽 삼켜' 버려서도 안 되고, 귀담아 들어야 할 말을 무시해서도 안 된다. 자존심이 상한다고 해서 도움이 되는 비판마저 모두 외면한다면 우리 주위에는 기분만 맞춰 주는 아첨꾼들이나 나에게 무관심한 사람들만 남게 될 것이다.

비판을 내 집에 찾아온 손님이라고 생각해라. 좋은 사람이든 나쁜 사람이든 손님을 비난하고 내쫓을 수는 없다. 그러나 그 손님의 나쁜 말을 마음에 담지 않고 물리칠 수는 있다. 어떤 순간에도 기억해야 할 핵심은 '나 자신'을 부끄럽게 생각하지 말아야 한다는 사실이다. 그리고 다치지 않도록 소중히 보살펴야 할 사람 역시 '나 자신'이라는 사실을 잊지 마라.

Chapter 2

똑같은 문제를 겪고 똑같은 상처를 받는 7가지 이유

'사랑하지 말자, 사랑하지 말자' 다짐한다고
멈출 수 있는 사랑은 없다.
차라리 멋지게 실패하고 다시 사랑하라.

잘난 나 vs.
어리석은 나
그리고
이간질하는 나

> 개들은 불만스런 일을 금방 잊어버리지만,
> 사람은 행복을 금방 잊어버린다.
> 그리고 기분을 좋게 해 줄 무언가를 강박적으로 찾아 헤맨다.
> _매트 와인스타인 · 루크 바버, 『우리는 개보다 행복할까?』

  독일어로 자기 회의를 뜻하는 'Selbstzweifel(젤프스트츠바이펠)'이라는 말에는 '둘로 갈라진다'는 의미가 담겨 있다. 자신을 의심하는 순간, 자기 의지대로 살아가려는 당당한 사람과 열등감에 사로잡혀 스스로를 못났다고 생각하는 사람으로 '나'라는 자아가 분열된다는 뜻이다.

  프로이트 정신분석학에서는 이런 '분리' 현상을 심리적 방어기제의 한 종류로 본다. 모순적인 두 가지 것들을 이분법적으로 철저하게 구분함으로써 고통스러운 감정으로부터 자신을 보호하는 것이다. 예를 들어, 아이들은 다정하기만 했던 부모가 갑자기 화를 내거나 짜증을 내면 그 상황을 견디지 못한다. 한 사람에게 좋은 면과 나쁜 면이 공존한다는 사실을 아직 이해하지 못하기 때문이다. 그래서 화를 내는 부모를 진짜 부모가 아니라 나쁜 가짜 부모라고 인식한다. 엄마로부터 스트레스를 받았던 한 아이는 엄마 얼굴을 마녀처럼 그려놓고 괴물이 진짜 엄마를 잡아먹었다고 말하기도 했다. 그렇게 함으로써 엄마가 자기를 사랑하지 않는다는 두려움에서 벗어나는 한편 계속 엄마에게 의지할 수도 있는 것이다.

이런 분리 기제는 착하기만 하거나 악하기만 한 사람은 없고, 인간은 누구나 복합적인 면이 있다는 사실을 깨닫고 나면 대부분 사라진다. 그러나 누군가에게 비난받거나 그런 것 같은 기분이 들 때, 공동체에서 내처졌거나 그런 것 같은 느낌이 들 때, 사랑에 실패했을 때, 욕구를 충족시킬 수 없을 때처럼 스스로의 힘으로 불안과 두려움을 다스리지 못하는 상황에 부딪히면 순간적으로 자기 회의가 심해지면서 자신을 이분법적으로 양분하는 분리 기제가 나타날 수 있다.

잘난 나 vs. 어리석은 나

모제르는 10년째 49킬로그램을 넘지 않는 호리호리한 몸매를 유지하고 있으며 유행에 맞게 옷을 입고 화장을 하는 데 많은 시간과 돈을 투자한다. 유명 여배우가 추천한 화장품은 값이 얼마든 직접 써 봐야 직성이 풀렸고 마음에 드는 옷을 발견하면 통장 잔고는 따져 보지도 않고 카드부터 꺼냈다. 한마디로 그녀는 약속 장소에 나가기 위해 2시간 동안 준비하고, 거울 앞에 서서 자기 모습이 완벽하다고 느껴질 때만 대문을 나서는 그런 여성이었다.

그날도 여느 때와 다름없이 정성껏 외출 준비를 하고 있었다. 10년 만에 대학 동기들과 만나는 자리이니만큼 자신이 얼마나 멋있어졌는지 보여 주고 싶었다. 그래서 다른 때보다 더 정성들여 화장을 하고 가장 우아해 보이는 옷을 꺼내 입었다.

마침내 친구의 집에 도착했을 때, 그녀는 자신이 너무 튄다는 사실을 알아차렸다. 다른 사람들은 마치 대학 캠퍼스에서 방금 튀어 나온 사람들처럼 수수한 옷차림이었고 메이크업이나 액세서리에 신경 쓴 사람도 없었다. 완벽했던 그녀의 기분은 한순간에 최악으로 떨어졌다. 체육대회 날 드레스를 입고 운동장에 나타난 것 같은 기분이었다. 그리고 이내 깊은 회의

내 안에는 '친절한 나'도 있지만 '짜증내는 나'도 있고
'한 사람을 사랑하는 나'도 있지만 '그 사람이 미워서 미칠 것 같은 나'도 있다.
이것들은 공존하는 마음이지 그중 하나를 없앨 수 있는 것이 아니다.
가능한 후회가 덜한 쪽을 선택하고 스스로 떳떳한 인생을 살아가면 된다.

가 밀려오며 마음속으로 자신을 비난하기 시작했다.

'대체 왜 이렇게 요란하게 치장한 거지? 이 멍청아, 다른 사람들이 너를 어떻게 쳐다보는지 한 번 봐라. 오, 맙소사, 내가 무슨 짓을 한 거지?'

그녀는 그 집에서 가장 아름답고 눈에 띄었지만 그 사실이 그녀를 더욱 괴롭게 했다. 그녀는 두고두고 멍청한 옷차림으로 입방아를 찧을 거라는 수치심에 전혀 파티를 즐길 수 없었고, 오직 이 파티가 끝나기만을 그래서 집으로 돌아가 이 요란한 옷을 벗을 수 있게 되기만을 간절히 바랐다. 사실 아무도 그녀를 비난하지 않았지만, 모제르는 다시는 파티에 가지 않았다.

게슈탈트요법 치료사들은 이렇게 인간의 내면이 둘로 나뉘어 서로 대립하는 것을 '탑독(Topdog)'과 '언더독(Underdog)'이라고 부른다. 탑독은 부정적이고 날카로운 비판자로 상대적으로 발언권이 세고 우세하다. 그에 비해 언더독은 긍정적이고 합리적이지만 소심하고 쉽게 뜻을 꺾는다. 자, 이제 자기 회의가 심해지면 왜 상처를 입을 수밖에 없는지 알겠는가. 싸움이 격렬해지면 이기는 쪽은 언제나 '탑독'이기 때문이다.

탑독은 여행자를 쇠침대에 묶어 놓고 침대 밖으로 다리가 나오면 잘라 버렸던 프로크루스테스처럼, 우리의 몸을 사회가 원하는 이상적인 모습에 맞추려고 한다. 모험을 가로막고, 자신의 욕구나 의지를 따르는 대신 다른 사람에게 인정받는 길을 가도록 강요한다. 또한 외모나 사회적 성공에 집착하게 하고 쉴 새 없이 활동하면서 어떻게든 좋은 평판을 유지해야 한다고 닦달한다. 그러다 작은 실수라도 생겨 목표를 달성할 수 없는 상황이 벌어지면 탑독은 "다 너 때문이야. 너 때문에 인생이 망가졌어"라며 불같이 분노하고 마치 세상이 끝난 것처럼 언더독을 몰아세운다. 그러면 본래의 나는 건설적인 대안을 찾으려는 의지마저 잃어버린 채 "그렇게 하지 말았어야 했는데…." "왜 내가 그런 짓을 저질렀지?" "난 너무 바보 같아"라고 외치며 자기 분열에 빠질 수밖에 없다.

더 심각한 문제는 이후 조금이라도 비슷한 상황이 발생하면 우리 내면에서는 그 즉시 부정적인 대화가 시작되고 어떤 시도도 하지 않게 된다는 점이다. 인생에 대한 불확실함은 커지고, 용기는 줄어들며 우리의 자화상은 점점 더 부정적인 모습으로 변한다. 그리고 아마도 그것 때문에 또 다시 실수를 저지르고 자신을 비난하게 될 것이다.

이 무의미한 내적 투쟁에서 벗어나는 유일한 방법은 탑독을 없애는 것도, 귀를 틀어막는 것도 아니다. 탑독과 언더독은 모두 '나의 욕구'를 대변하고 있다. 그러니 오히려 귀를 활짝 열고 두 개의 목소리에 집중해야 한다. 그리고 그 가운데 어떤 것이 진정으로 내가 원하는 것인지 확인하고 그쪽으로 결정을 내리면 된다.

착한 아이도 나쁜 아이도 모두 나의 일부다

로버트 루이스 스티븐슨의 소설 『지킬 박사와 하이드』에서 지킬 박사는 선함과 악함을 완벽하게 분리하는 약을 발명해 도덕적으로 완전무결한 인생을 살고자 했다. 그는 자신의 실험이 실패했다는 것을 깨달은 후 이렇게 말한다. "내 의식 속에는 서로 갈등하고 있는 두 개의 본성이 있다. 내가 그중 어느한쪽을 옳다고 하더라도, 그것은 근본적으로 내가 양쪽 모두이기 때문이다."

상처를 주는 상황과 맞닥뜨렸을 때, 자신을 둘로 나누며 분열되는 것을 막기 위해서는 '내면의 나'가 균형 있는 재판관이 되어야 한다. 내 안에는 쓰레기를 줍는 '착한 나'도 있지만 '쓰레기를 버리는 나'도 있다. '친절한 나'도 있지만 '짜증내는 나'도 있고, '한 사람을 사랑하는 나'도 있지만 '그 사람이 미워서 미칠 것 같은 나'도 있다. 사랑이 커지면 질투도 커지고 행복할수록 불행에 대한 두려움도 커지듯이 이것들은 공존하는 마음이지 그중 하나를 없앨 수 있는 것이 아니다. 양쪽 가운데 어느 쪽이 옳았는가, 혹은 이겼는가 따지는 것은 해결책이 아니다.

우리가 해야 할 일은 후회를 남기지 않는 선택을 하는 것이다. 다른 사람의 눈치를 보고 잘 보이기 위해 내리는 결정은 좋은 결과를 얻었을 때는 다음번에 더 잘해야 한다는 부담을 주고, 나쁜 결과를 얻었을 때는 세상에 둘도 없는 멍청이로 스스로를 한없이 깎아내리게 만든다. 결국 후회가 적은 선택은 나 스스로의 의지로 한 선택이다. 다른 사람의 반응이 아니라 내 마음이 원하는 것을 들어주고 자발적으로 내린 선택이라는 말이다. 그래야 나쁜 결과가 생겼을 때도 '난 최선을 다했어'라고 자신을 인정해 줄 수 있다.

끝까지 들어주고 후회가 적은 쪽을 선택하라

한적한 시골 마을에서 개최된 게슈탈트요법 훈련에 참가했을 때의 일이다. 정원에 앉아 책을 읽고 있는데 낯선 고양이 한 마리가 내게로 다가왔다. 길을 잃었거나 버림받은 게 분명했다. 고양이를 안고 근처 농장을 찾아다녔지만 주인을 찾을 수는 없었다. 나는 그 가엾은 고양이를 내가 데려가야 할 것 같은 책임감이 들었다. 그 순간 내면에서 탑독과 언더독이 마이크를 쥐고 각각 자기주장을 펼치기 시작했다.

탑 독 : 바르데츠키 미쳤니? 그 좁은 아파트에서 고양이를 키우려 하다니? 그 가련한 동물을 더 불쌍하게 만들 참이야?

언더독 : 탑독, 너무 야비하게 굴지 마. 고양이도 머물 집이 필요하잖아.

탑 독 : 세상 모든 버림받은 고양이들의 보모가 될 생각이야? 게다가 넌 고양이에 대해서 아는 것도 없잖아.

언더독 : 그래, 맞아. 나는 전혀 아는 게 없어. 그리고 이 고양이가 도시에 사는 게 좋은 건지 나쁜 건지도 몰라. 사실 나도 그게 두려워.

(순간적으로 나는 정말 암담한 기분이었고, 그 고양이를 데려가야 한다는 생각과 탑독의 까칠한 반대 사이에서 오락가락했다.)

탑　독 : 그러니까 그만 두라고. 네가 그 동물을 데리고 가면 사
　　　　람들이 뭐라고 생각하겠니?

언더독 : 하지만 모른 척하는 것도 좋은 게 아니라는 생각이 들
　　　　어. 나는 어떻게 해야 할까?

탑　독 : 그 동물을 내려 놔. 그리고 혼자 집으로 돌아가. 넌 고양
　　　　이를 돌볼 능력이 없어.

언더독 : 나도 키우는 법을 배울 수 있어.

탑　독 : 아니, 네 착각이야.

언더독 : 벌써부터 포기할 필요는 없다고 생각해. 노력해 보고
　　　　정말 안 되면 그때 다시 돌려보내도 늦지 않아.

　이렇게 해서 나는 15년 전부터 그 고양이와 함께 살고 있으
며 고양이 덕분에 무척 행복하다.

혼자서도
행복할 수 있어야
사랑할 때도
행복하다

행복한 결혼생활은
상대와 얼마나 잘 지낼 수 있느냐가 아니라,
얼마나 불일치를 감당할 수 있느냐에 달려 있다.
_레이 톨스토이

"모든 사람들이 나를 사랑해 줬으면 좋겠어요."

이 말은 내가 상담실에서 가장 자주 듣는 말 가운데 하나다. 그러나 모순되게도 이 말을 하는 당사자는 자기 자신을 엄청나게 하찮게 여기며 모든 사람을 믿지 못할 적으로 생각한다.

물론 불가능한 꿈이지만, 만약 신의 장난으로 모든 사람으로부터 사랑받는 게 가능하다면 그 사람은 그 대가로 엄청난 것을 희생해야 할 것이다. 자신을 완전히 포기하고 오직 다른 사람들을 만족시키는 데 인생을 바쳐야 할 테니까.

안드레아는 그런 식으로 사랑을 얻기 위해 자신을 완전히 포기하는 삶을 살아 왔다. 어릴 적 그녀의 아버지는 일에만 매달리며 가정에 소홀했던 엄마와는 달리 퇴근하자마자 집으로 달려와 안드레아와 놀아 주고 아껴 주는 유일한 사람이었다. 그런 아버지가 한참 어린 여자와 바람을 피우고 집을 나가 버리자 그녀는 엄청난 절망에 휩싸였다. 아버지에 대한 배신감은 그녀의 마음을 얼어붙게 만들었고 모든 남녀 관계를 불신하게 만들었다. 이를 테면, 그녀는 행복해 보이는 이웃집 부부나 학교 선생님에게도 분명 젊은 애인이 있을 거라고 확신했다. 그리고 자신은 엄마의 실패를 절대 답습하지 않을 거라고 결심했다. 남편이 바람을 피우게 내버려 두지도 않고 완벽한 가정을 꾸릴 거라고 말이다.

그녀는 원하던 대로 모두가 부러워하는 조건의 남자를 만나 결혼했고 완벽하고 사랑스런 아내가 되기 위해 노력했다. 문제는 남편도 그녀에게 완벽해져야만 했다는 것이다. 그녀는 '완전히 하나'로 이어진 가족을 만들고 싶었다. 그래서 먹는 것부터 취미, 사고방식까지 남편의 취향에 모든 것을 맞췄고 남편에게도 똑같은 것을 기대했다. 혹시라도 남편이 일요일에 혼자 도서관에 간다고 하면 어제까지 화목했던 가정이 한순간에 깨지고 말았다는 식으로 행동했다.

그러나 모든 걸 함께하고, 같은 꿈을 꾸고, 같은 생각을 한다는 것은 결국 상대의 개성과 독립성을 완전히 부정한다는 뜻이다. '내가 하는 대로 하지 않으면 그건 날 사랑하지 않는다는 뜻이야'라는 그녀의 메시지는 남편을 자신의 전유물로 만들려는 것과 같았다.

커피에 우유를 타면 밀크커피가 되고 만다

심리학에서는 자신과 다른 사람들, 자신과 집단의 생각을 구별하지 못하고 심리적으로 다른 사람과 완전히 하나가 되려고 하는 것을 '융합(confluence)'이라고 부른다. 융합 상태에 빠진 사람은 무조건 다른 사람에게 자신을 맞추려고 하거나 자기 생각만을 강요하며 다른 사람을 조종하려고 한다. 그들은 서로의 개성과 다양성을 인정하지 않고, 자기 의견을 묵살하면서까지 상대에게 맞추려고 노력한다. 그럼으로써 다른 사람으로부터 분리되는 것을 막고 안정감을 누리려는 것이다. 그러나 타인에 대한 융합 욕구가 심해질수록 버림받는 것에 대한 두려움도 커질 수밖에 없다. 하나가 되려는 집착은 필연적으로 상대의 반발을 일으키기 때문이다.

우유와 커피를 섞는다고 생각해 보자. 무슨 일이 생기는가? 그것들은 더 이상 예전의 우유도, 예전의 커피도 아니다. 지금까지와는 전혀 다른 제3의 맛을 만들어 낸다. 맛의 세계에서는 그런 융합이 획기적인 발견일지 모르지만, 각각의 본질을 생각하면 폭력이나 다름없다. 왜냐하면 우유로서는 커피가 주는 쓴 맛을 견뎌야 하고, 커피로서는 우유가 자신을 묽게 만드는 것을 참아내야 하기 때문이다. 즉 우리의 마음은 융합만을 추구하며 흘러가다 보면 결국에는 불행에 이를 수밖에 없다. 독립적인 상대와 함께할 때는 너무 가까이 다가가려고 하는 것 때문에 불화가 생기고 융합을 원하는 상대와 함께할 때는 서로가 서로에게 맞춰가다 보니 결국 아무도 기뻐하지 않는 인생을 살게 되는 것이다.

그렇다면 우리는 왜 밀크커피 같은 존재가 되려는 걸까? 그것은 '다른 사람들이 나를 어떻게 생각할까?'라는 물음을 자신이 뭔가를 하고 싶어 하는 바람보다 더 중요하다고 여기기 때문이다. 그래서 다른 사람의 머릿속에 들어가서 상대의 의도와 소망을 읽어 내려고 애쓰고 거기에 맞게 행동한다. 융합의 정도가 심한 사람들은 다른 사람도 자신에게 그렇게 해 주기를 바라며 생각의 차이가 발생하는 것을 인정하지 않는다.

이런 '우리는 하나'라는 식의 강한 융합이 가장 많이 나타나는 곳이 바로 가정이라는 울타리 안이다. 이들은 겉으로는 가족애가 넘치고 결속력 있게 보이지만 내부적으로는 부모자식 사이의 경계가 흐려져 있는 경우가 많다. 자식에게 필요한 것이 무엇인지 자식보다 더 잘 안다고 착각하고 자기가 하고 싶은 대로 아이를 휘두르려고 한다. 아이가 사춘기에 접어들어도 비밀을 갖게 내버려 두는 법이 없다. 아이가 원하지도 않는데 비밀이 없는 가장 가까운 친구가 되겠다고 자처하고, 아이의 독립 선언을 자신과 평생 인연을 끊겠다는 절연 선언으로 생각하면서 자식에게 부담을 준다. 그래서 아이로 하여금 늘 부모를 걱정하게 하고 부모의 요구를 채워 주어야 한다는 의무감을 느끼게 만든다. 어릴 때부터 부모의 이런 융합 요구에 길들여진 아이는 커서도 다른 사람의 기대를 충족시키면서 인간관계에서 일어나는 모든 부정적인 일들이 자기 책임이라는 생각을 갖게 될 수 있다.

아들이 인생의 전부라고 생각하는 어머니에게 '너마저 내 곁에 없었다면 난 벌써 세상을 떠났을 거야'라는 말을 수없이 듣고 자란 한 남성은 어머니를 자신이 구원해야 한다는 의무감을 느꼈다. 그는 결혼 후 아내와 함께 어머니를 만나고 돌아갈 때마다 자신이 어머니를 죽게 방치하고 있다고 생각했다. 그게 사실이 아니라는 것을 알면서도 말이다. 결국 독립성을 존중하지 않는 융합은 모두를 불행하게 만든다.

사랑하면 자신을 잃어버리는 '귀여운 여자'

"다른 사람들과 있을 때 본연의 내 모습을 보여 줘도 될까, 아니면 사람들에게 인정받기 위해 시의적절하게 모습을 바꿔야 할까?"라는 질문을 받는다면 뭐라고 대답하겠는가. 만약 바꿔야 한다고 생각한다면 당신은 자신의 마음과 제대로 접촉하고 있지 못한 사람이라고 볼 수 있다. 다른 사람의 눈높이에 나를 맞춘다는 것은 자신의 진정한 가치를 알아보는 일을 포기한다는 뜻이기 때문이다.

안톤 체홉의 소설『귀여운 여자』에는 누군가를 사랑하면 온전히 상대방이 되어 버리는 여자 '올렌카'가 나온다. 그녀는 순수하고 부드러운 미소와 따뜻한 마음을 가진 아가씨였지만, 누군가를 사랑하지 않으면 살 수 없는 사람이었다. 사랑하는 사람이 바뀔 때마다 그녀는 상대방의 세계 속으로 완전히 빠져 들었다. 자기 의견은 모조리 지워 버리고 상대의 눈으로 세상을 바라보고 그의 가치관, 그의 감정, 그의 고민, 그의 희망을 자신의 것처럼 받아들였다. 극장 주인과 결혼했을 때는 객석이 텅텅 비는 비 오는 날을 저주하며 '파우스트' 같은 훌륭한 오페라를 보러 오지 않는 수준 낮은 마을 사람들을 비난하고, 목재창고 관리인과 결혼했을 때는 극장은 한가한 사람들이나 가는 곳이라고 말하며 창고 사무실에 틀어박혀 남편이 일하는 모습만 바라봤다. 또 수의사를 사랑할 때는 가축 검역과 세균 감염에 대해 박사가 되었고 수의사가 데려온 아이를 보살필 때는 라틴어 숙제와 학교에 대한 이야기 말고는 아무것에도 관심을 갖지 못했다. 그러나 그녀의 사랑은 아이를 진저리치게 만들 뿐이었다.

따로 또 같이

지나친 융합 욕구는 자신이 갖고 있는 장점과 소망에 집중하지 못하게 하고 오직 다른 사람의 기대에 맞춰 살게 한다. 그러나 다른 사람의 기대에 부응하기 위해 내린 그 결정은 늘 부정확할 수밖에 없고 후회를 남길 수밖에 없다. 투시능력이 없는 이상 다른 사람이 원하는 게 무엇인지 분명하게 알 수 없기 때문이다. 결국 우리는 내가 아닌 다른 사람이 되어 내가 원하는 것도 아니고 상대가 확실히 표현한 것도 아닌, 양쪽 모두를 불행하게 만드는 애매한 결정을 내리게 된다.

그 함정에서 벗어나기 위해서는 먼저 자기 자신이 만족하는 기준을 세우고 지금까지 억지로 강요받았던 이미지가 아니라 나는 어떤 사람이 되고 싶은지를 스스로 결정해야 한다.

함께 합창 대회에 나간다고 하자. 이런 때는 다른 사람의 목소리를 주의 깊게 듣고 한 목소리를 내는 것이 중요하다. 이런 순간에 다른 사람과 자신을 구별 짓기 위해 고개를 돌린다든지, 다른 음을 내는 것은 곤란하다. 그러나 합창 대회가 끝난 후까지 그럴 필요는 없다. 그때는 집단에서 다시 떨어져 나와 각각 우유와 커피가 될 필요가 있다. 유대감을 느끼고 체험하는 것이 자신의 생각이나 의지를 영원히 묵살하는 것이 되어서는 안 된다.

시기와 질투,
그리고 죄책감

질투는 자신이 가지고 있는 것에서 즐거움을 얻는 대신,
다른 사람이 가지고 있는 것을 보면서
괴로워하게 만든다.

_버트런드 러셀, 『행복의 정복』

　안나와 마리아는 이웃집에 살며 초등학교부터 고등학교까지 함께 다닌 절친한 친구였다. 그러나 안나는 마리아와 가깝게 지내는 것이 그리 편하지만은 않았다. 남자들의 인기를 독차지하는 마리아의 화려하고 아름다운 외모 때문에 자신이 그림자처럼 느껴졌기 때문이다. 몰래 짝사랑했던 모든 남자들이 마리아를 좋아했다는 사실은 그녀에게 말할 수 없는 질투심을 안겨 주었다. 그녀는 마리아보다 한 가지라도 나아 보이기 위

해 공부에 매달렸고 선생님이나 부모님이 마리아가 아니라 자신을 칭찬할 때 그나마 약간의 위안을 받았다.

그러던 어느 날, 대학에 입학한 안나에게 남자 친구가 생겼다. 안나는 다른 친구들에게는 멋진 애인을 소개하며 은근히 자부심을 느꼈지만 마리아에게는 왠지 보여 주고 싶지 않았다. 다른 남자들처럼 그도 마리아에게 매력을 느낄 거라는 걱정 때문이었다. 하지만 친한 친구로서 남자친구가 어떤 사람인지 보고 싶다는 마리아의 말을 거절할 수는 없었다. 결국 6개월을 끌다 안나는 내키지 않는 마음으로 남자친구와 함께 마리아를 만나러 갔다. 그리고 그날 두 사람의 아슬아슬하던 관계는 깨지고 말았다. 사실 마리아를 만나기 위해 전철을 탄 그 순간부터 안나는 마리아가 자신의 남자친구를 꼬시고 말 거라는 불안감을 떨칠 수 없었다. 그녀는 겉으로는 아무 내색도 하지 않고 두 사람이 즐겁게 이야기하는 것을 지켜보았지만, 속으로는 남자친구가 마리아의 유혹을 물리치고 이 자리를 그만 끝내자고 말해 주기를 간절히 기다렸다.

하지만 술자리는 점점 길어졌고 마치 10년을 알고 지낸 허물없는 친구 사이처럼 친밀한 분위기가 펼쳐졌다. 그러다 춤을 못 추는 자기 대신 마리아와 남자친구가 춤을 추러 나가자 그녀의 인내심은 무너져 버렸다. 그녀의 눈에는 눈물이 고였다. 마치 남자친구가 바람피우는 현장을 목격하기라도 한 것처럼 가슴이 무너졌다. 엎어져 펑펑 울고 싶었지만 미친 여자가 되고 싶지 않아 꾹 참았다. 그 후부터 안나는 남자친구가 언제 자신을 배신할지 모른다는 생각 때문에 마음을 다해 사랑할 수 없었고 남자친구와 헤어질 때까지 마리아와도 연락을 하지 않았다. 아무 것도 아닌 일에 질투심을 느끼는 자신이 부끄럽고 미안하기도 했지만, 한편으로는 끝없이 자신을 불편하게 만드는 관계가 힘들었기 때문이다. 20년 가까이 친구로 지내면서 안나는 마리아를 시기심이나 질투심 없이 바라본 적이 없었다. 자신의 가치를 있는 그대로 인정하지 못했기 때문에 진심어린 우정을 나눌 수도 없었던 것이다.

시기심과 질투심

시기심이 일어나는 가장 큰 원인은 소망하는 것이 채워지지 않는 데 있다. 내가 소유하지 못한 것을 다른 사람이 갖고 있을 때, 나아가 그것을 나도 갖고 싶을 때 우리는 시기심을 느낀다.

예를 들어, 아이가 있는 결혼한 여성들은 아이가 없는 부부나 싱글 여성들의 여유와 자유로움을 부러워한다. 거꾸로 아이가 없는 부부나 싱글 여성들은 출산과 육아의 고통을 모두 겪고 안정된 가정을 이룬 그들을 부러워한다. 그런가 하면 워킹맘들은 아이에게 모든 신경을 집중할 수 있는 전업맘들을 부러워하고 전업맘들은 자신의 커리어를 포기하지 않고 아이까지 키우는 워킹맘을 부러워한다. 또 집을 마련하느라 좋은 차를 사지 못한 사람은 좋은 차를 가진 사람을 부러워하고 좋은 차를 사느라 집을 못 산 사람은 집이 있는 사람을 부러워한다. 상대가 소유하고 있는 것들이 지금의 자신에겐 없는 것이기 때문이다.

이에 반해 질투심은 다른 사람이 나에게 영향을 끼쳐서 발생하는 게 아니라 내부에서 특정한 누군가를 선택해 나타나는 감정이다. 동화 『백설공주』에는 질투심에 가득 찬 왕비가 나온다. 자신이 '세상에서 가장 아름다운 여자'라고 생각했던 왕비는 더 아름다운 백설공주가 나타나자 존재 가치가 사라질지도 모른다는 위협을 느낀다. 그녀에게 자기가 최고가 아니라는 사실, 자신과 능력이 비슷한 사람이 존재한다는 사실은 감당하기 어려운 고통이기 때문이다. 그래서 그 대상을 억압하고 영원히 '추방'하려고 한다. 이렇듯 질투의 핵심은 사랑과 관심을 잃는 것에 대한 두려움이며 사랑을 유지하고 싶다는 바람에서 발생한다. 즉, 사랑하는 사람과 나 사이를 갈라놓는다고 느껴지는 제3의 인물 혹은 다른 무엇에게 두려움을 덧씌우는 심리가 바로 질투심인 것이다.

남자친구에게 허물없이 지내는 여자친구가 있다거나 여자친구에게 자신보다 더 의지하는 남자친구가 있을 때 우리는 상대를 알든 모르든 심한 질투심에 사로잡힌다. 그들이 결국 내 자리를 차지하고 말 거라는 상상을 하며 공격적인 분노를 보이기도 한다. 실제로 그들이 그런 말이나 행동을 해서가 아니라 단지 그 사람이 내가 사랑하는 사람을 더 잘 안다는 이유로 그런 감정을 느낀다.

때로는 질투의 대상이 사람이 아닐 때도 있다. 남자친구가 자신과의 데이트는 뒷전이고 게임에만 빠져 있다면 게임과 게임 상대에게 질투를 느낄 수 있다. 또 애지중지했던 강아지가 자신이 아닌 다른 사람을 더 따르면 강아지는 물론 그 사람에게도 질투를 느낀다. 이렇게 내가 사랑하는 사람에게 다른 사람이나 다른 뭔가가 더 중요한 존재라고 느껴질 때 우리는 상처받고 버려진 느낌을 갖게 되며 질투심을 느낀다. 그래서 질투를 가리켜 '사랑을 갈구하는 어린아이'라고 부르기도 한다.

우리가 불행해지는 이유는
다른 사람보다 덜 가져서가 아니라
다른 사람이 나보다 더 가졌다고 생각하기 때문이다.

시기심과 질투심은 원하는 것을 가질 수 없다는 '슬픔'과 사랑을 잃어버릴 것 같은 '두려움' 속에 우리를 가둬 버린다. '난 참 괜찮은 남자와 결혼했어. 우린 서로 사랑하고 남편만큼 나를 이해해 주고 아껴 주는 사람은 없을 거야. 하지만 우리 부부가 아무리 열심히 일해도 옆집처럼 좋은 집에서는 살 수 없을 거야'라고 생각하는 사람은 다른 사람이 가진 것을 부러워하느라 현재의 기쁨을 구겨진 종이처럼 볼품없게 만든다. 그 사람은 아무리 좋은 일이 생겨도 기쁨을 느낄 수가 없다. 늘 남의 떡이 더 커 보이기 때문이다. 또 질투심에 가득 찬 사람은 사랑이 커질수록 사랑하는 사람을 잃을지도 모른다는 불안도 함께 증폭된다. 결국 그에게 사랑은 의심과 괴로움일 수밖에 없다. 그래서 끊임없이 스스로를 폄하하고 자존감을 갉아먹으며 나보다 잘난 사람은 인간관계에서 모두 추방시켜 버리는 것이다. 그러면 결국 손해를 보는 사람은 우리 자신이다. 그런 인간관계는 어떤 긍정적인 자극도 일어나지 않기 때문이다.

시기와 질투에서 벗어나는 법

심리 치료 현장에서는 이런 시기심과 질투심을 없애는 첫

단계로 '인정하고 말하기'를 진행한다. '나는 그 사람이 가진 무엇이 부럽습니다'라거나 '나는 누구에게 질투심을 느낍니다'라고 자신의 감정을 솔직하게 털어놓는 것이다. 이것은 의외로 엄청난 반전을 가져온다. 입 밖으로 내뱉는 순간 마음속에 꼭꼭 숨겨 두었던 시샘, 질투, 미움, 두려움들이 아무것도 아닌 것으로 바뀌는 것이다. 어떤 사람은 고작 강아지에 질투심을 느꼈노라고 한바탕 웃기도 했다.

버트런드 러셀은 자신의 책 『행복의 정복』에서 "현명한 사람은 누군가 가지고 있는 어떤 것 때문에 자신의 즐거움을 망치지 않는다"고 말했다. 그의 말처럼 지금 이 순간의 기쁨을 놓치지 않기 위해서는 다른 사람을 바라보는 시선을 자기 자신에게로 돌려야 한다. 스스로에게 만족하고 자신과 다른 사람을 각각 다른 존재로 인정하고 내버려 둘 때 시기심과 질투심은 비로소 사라질 수 있다.

백설공주의 계모처럼 자신이 가장 아름답다거나 가장 멋져 보여야만 한다는 생각에 빠지는 사람은 결코 질투심이나 시기심에서 벗어나지 못한다. 왜냐하면 우리보다 더 아름답고 더 멋진 사람들은 언제 어디에나 있기 마련이기 때문이다. 우리의 가치는 꼭 최상급에 속해야 빛나는 게 아니다. 그보다는 자신의 한계를 인정하고, 그럼에도 불구하고 당당함을 잃지 않을 때 더욱 큰 힘을 발휘한다.

나를 위한 선택을 미안해하지 마라

사랑하는 사람이 원하지 않는 일을 하게 될 때 우리는 죄책감을 느낀다. 그래서 결국 죄책감 때문에 자신의 바람과 반대되는 결정을 내릴 때가 많다.

코리나는 사람들과 가까워지는 일에 두려움을 느꼈다. 그녀는 다른 사람과 함께 있을 때보다 혼자 있을 때 편안함을 느꼈고 그런 감정은 남편과 함께 있을 때도 마찬가지였다. 그러나 코리나의 남편은 산책을 하고 영화를 보고 친구들을 만나고 운동을 할 때도 부부는 함께여야 한다고 생각하는 사람이었다. 그는 코리나가 자신과 떨어져 혼자만의 시간을 갖는 것을 좋아하지 않았고 가끔 정말 심각하게 자신을 사랑하지 않는 거냐고 묻기까지 했다. 코리나는 남편에게 상처를 주고 싶지 않아서 내키지 않으면서도 남편의 방식에 자신을 맞춰갔다. 그 때문에 격렬한 말다툼이 일어날 때가 많았고, 그런 다음에야 그녀는 자기만의 시간을 가질 수 있었다.

다른 사람이 원하는 것이 아니라 자신이 원하는 것을 밀고 나가려고 할 때 우리는 종종 죄책감을 느끼는 대가를 치르게 된다. 그런 의미에서 보면 죄책감을 부정적인 감정이라고만 생각할 수는 없다. 원치 않는 것에 자신을 적응시키는 대신에 진심으로 자기가 원하는 것을 할 때 생겨나기 때문이다. 그러므로 때로는 죄책감이 드는 것을 환영해도 좋다. 그것은 우리가 스스로 결정하고 당당하게 행동한다는 것을 보여 주는 증거가 되기 때문이다. 만약 우리가 자기 자신을 위한 결정을 계속 해나간다면 나중에는 죄책감을 느끼지 않으면서 자신이 진정 원하는 목표로 향하는 법을 터득하게 될 것이다.

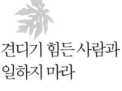

견디기 힘든 사람과
일하지 마라

인생이란 그런 거다. 아무리 열심히 내 행복을 모아봤자
아무것도 아닌 듯 쓸려가 버린다. 누군가 나한테 묻는다면,
난 세상에 저주 따원 없다고 대답하겠다.
삶이 있을 뿐. 그걸로 충분하다고.
_주노 디아스, 「오스카 와오의 짧고 놀라운 삶」

언제나 자신이 최고가 되어야 한다고 생각하는 사람들은 그
지위를 유지하기 위해 다른 사람을 희생시킨다. 그들은 자신
의 욕구에 따라 다른 사람의 가치를 평가하며 다른 사람이 가
진 심리적인 약점을 이용해 원하는 것을 힘들이지 않고 얻으
려고 한다. 또 어딜 가든 우두머리인 것처럼 행동하고 모든 일
에 대해 자신이 다른 누구보다 가장 잘 알고 있다고 착각한다.
심지어 다른 사람이 직접 선택해야 할 일을 자기 마음대로 결

정해 버릴 때도 있다. 의견을 묻지도 않고 다른 부서로 발령을 내고, 자신의 생각을 모두의 의견인 것처럼 이야기하며, 먹는 것이든 입는 것이든 취미든 남들이 자기 취향에 맞추도록 은근히 압박한다. 자기가 다른 사람들을 통제할 수 있다고 생각하기 때문이다.

이들에게 타인은 목적을 달성하기 위한 수단에 불과하며 타인의 기분이나 관심사는 고려할 대상이 아니다. 그래서 상대방이 자신의 뜻에 따라 행동하면 관심을 보이고 친절하게 대하지만, 이런 행동이 자신에게 이익이 될 것 같지 않으면 금세 등을 돌리고 다른 사람에게 다가간다. 용도가 끝났으니 더 이상 곁에 둘 필요가 없는 것이다.

한마디로 이들의 인간관계는 의리는 없고 변덕만 죽 끓듯 하는 관계다. 이런 성향을 지닌 사람들이 타인과 공감하고 자신의 행동을 돌아볼 능력이 없는 것은 당연하다.

아무렇지도 않게 다른 사람을 희생시키는 사람들

같은 대학 동기인 이레네와 미카는 서로에게 좋은 이미지를 갖고 있었다. 미카는 아이디어가 풍부하고 추진력이 강한 이레네를 부러워했고 이레네는 미카의 꼼꼼하고 성실한 성격을 좋아했다. 대학을 졸업하고 얼마 후 이레네는 자신의 장점을 살려 광고회사를 창업했다. 그녀의 탁월한 사업 감각 덕분에 회사는 1년 만에 엄청난 성과를 거뒀다. 도저히 혼자서는 감당할 수 없을 만큼 광고 의뢰가 쏟아져 들어오자 이레네는 미카를 떠올렸다. 그녀라면 자신의 단점을 보완해 주고 든든하게 뒷받침해 줄 수 있을 거라는 생각이 들었다.

미카는 이레네의 동업 제안을 기쁘게 받아들였고 두 사람은 자신들의 취향에 맞게 새로운 사무실을 차렸다. 그러나 화목한 분위기는 여기까지였다.

시간이 흐를수록 미카는 이레네에게 부당한 대우를 받고 있다는 생각이 들었다. 이레네는 사사건건 자신이 하는 일을 간섭했고 뭐든지 직접 결정을 내리려고 했다. 고객들과 이야기할 때마다 끼어드는 것은 다반사였고 어떤 때는 부하직원 대하듯 질책할 때도 있었다. 그러면서도 이레네는 자신의 결점은 인정하지 않았다. 정리를 제대로 하지 않아서 필요한 서류를 찾느라 많은 시간을 보내는 것은 창의성과 천재성이 있는 사람들의 특징이라고 합리화했고, 손익이 남지 않는 계약을 했을 때는 나중에 더 큰 계약을 위한 포석이라고 큰소리쳤다.

미카는 자신이 느끼는 문제에 대해 몇 번이나 대화를 하려고 시도했지만 그때마다 이레네는 미카의 장점을 칭찬하며 자신에게 없어서는 안 될 아주 소중한 존재라는 듣기 좋은 소리를 늘어놓았다. 그러면 미카는 객관적인 논쟁을 벌이는 것을 포기하고 혼자 섭섭한 마음을 풀곤 했다.

　이레네가 자신을 동업자가 아닌 부하직원으로 생각한다는 것을 알고 있었지만 미카는 함께 일하기로 한 이상 불필요한 갈등을 피하는 게 최선이라고 생각했다. 그래서 이레네의 요구대로 일을 처리했고 그녀가 실수를 해도 아무 말도 하지 않고 자신이 뒤처리를 했다. 그렇게 한동안 아무 문제없이 시간이 가는 듯했다. 그런데 1년 후 미카는 이레네로부터 한 통의 이메일을 받았다. 동업을 중단하자는 내용이었다. 어떤 이유나 설명도 없었다. 미카는 망치로 머리를 얻어맞은 것 같았다. 슬픈 동시에 화가 났으며, 앞으로 어떻게 해야 할지 알 수가 없어서 망연자실했다. 어떻게 혼자 그런 결정을 할 수 있느냐는 물음에 이레네는 대수롭지 않다는 듯 이렇게 말했다. "다른 일을 해 보려고. 그건 나 혼자서만 할 수 있는 일이야. 함께 쓰던 사무실은 네가 인수해. 그러면 너도 좋은 거잖아." 이레네는 자신의 행동이 미카에게 상처를 줬다는 것조차 이해하지 못했다.

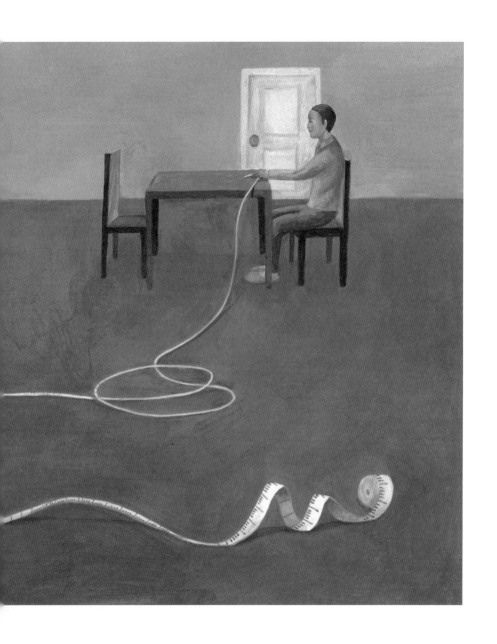

말하지 않으면 당신의 희생은 당연한 의무가 되고 만다.
다른 사람들은 우리가 기대하는 것보다 훨씬 더 남의 고통에 둔감하다.
그러니 억울하다면 질질 끌지 말고, 묻어 두지 말고 확실히 말해야 한다.

상처 주는 사람을 다루는 법

신문이나 잡지, 라디오 방송을 통해 심리 상담을 하다 보면 직장에서 받은 상처 때문에 괴로워하는 사람을 많이 만난다. 그들은 견디기 힘든 상사, 부하직원, 동료 때문에 하루에도 열 번씩 사표를 쓰거나 억눌린 마음을 털어놓을 곳이 없어 진탕 술을 마시고 엉뚱한 사람에게 화풀이를 한다. 그리고 정해진 수순처럼 다시 회사로 돌아가 부당함을 견뎌낸다.

이들은 나에게 어떻게 하면 덜 상처받을 수 있는지를 물어보지만, 사실 그것보다 자기가 옳다고 생각하는 행동을 최대한 마찰을 일으키지 않고 할 수 있는 방법을 고민하는 게 자신에게 더 이롭다.

살아남기 위해 부당한 일을 침묵하고, 비위를 맞추기 위해 마음에도 없는 말을 했을 때 느끼는 수치심이 정색하며 바른 말을 해서 미움받고 후회하는 것보다 훨씬 더 큰 마음의 상처를 주기 때문이다.

만약 그 사람이 다른 사람을 자기 마음대로 이용하려고 하고 원하는 것을 얻기 위해서라면 남에게 어떤 해를 끼치든 전혀 신경 쓰지 않는 사람이라면, 함께 일하지 않는 방법을 찾거나 일하더라도 업무적인 것 외에는 상대하지 않는 것이 좋다.

그들은 '내가 잘못한 부분이 있겠지', '한 번만 더 참아 보자'라고 생각하는 당신의 선한 마음을 어떻게든 이용해 먹을 생각만 하고 있기 때문이다. 특히 크든 작든 마음의 상처를 가지고 있는 사람들은 상대를 이해해 보려고 했던 노력이 이용당하고 버려지는 결과로 나타나면, 타인과 세상을 불신하며 아무에게도 속마음을 보여 주지 않고 스스로를 고립시키는 쪽을 선택하기도 한다.

그러므로 때에 따라서는 악착같이 버티려고 노력하는 것보다 거리를 두고 떨어지는 게 서로의 인생을 지키기 위해 가장 좋은 방법이 될 수도 있다.

물론 현대사회에서 조직을 떠난다는 건 어려운 일이다. 때로는 '내가 이 회사를 얼마나 어렵게 들어왔는데' 하는 억울함이, 때로는 '마지막에는 버티는 사람이 이긴다'는 희망이, 때로는 '당장의 생계'라는 현실이 우리를 가로막기 때문이다. 또 자신이 좋아하고 꿈꾸던 회사에 다닌다면 한 사람 때문에 조직에서 나온다는 것은 성급한 결정일 수 있다. 그럴 때는 당면한 상황에서 한 발짝 떨어져 나와 최대한 객관적으로 상대방과 자신의 관계를 파악하고 희생자 역할에서 벗어날 수 있는 방법을 생각해 봐야 한다.

아무렇지도 않게 남을 희생시키는 사람은 다른 사람의 심리적 약점을 찾아내기 위해 혈안이 돼 있다. 그것을 이용해 우리를 조종하고 굴복시키려는 것이다. 이런 함정에서 벗어나기 위해서는 자신의 부족한 부분을 숨기지 말고 오히려 많은 사람들에게 공개해야 한다. 아무리 약해 보이는 사람이라도 스스로 부족하다고 생각하지 않으면 아무도 함부로 대하지 못한다. 자기 자신을 있는 그대로 받아들일 때 상처에 대한 면역력도 키울 수 있는 것이다.

그리고 상대에 대해서도 잘 알아야 한다. 어쩌면 우리를 희생시키는 사람들은 지독한 열등감에 빠져 있는지도 모른다. 외모 콤플렉스가 있는 사람은 아름다운 부하직원을 괴롭히고 능력이 부족한 사람은 탁월한 능력을 가진 후배가 언제 치고 올라올지 몰라 경계하며 허드렛일만 시킬 수도 있다. 그러나 그 사람 역시 약점 많은 연약한 한 인간이라는 사실을 깨닫는다면 더 이상 스스로를 깎아내리며 상처받지 않을 수 있을 것이다.

질질 끌지 말고, 묻어 두지 마라

이해받고 싶고 더 이상 마음이 불편한 일을 겪고 싶지 않다면 억울함을 호소하는 용기도 필요하다. 상대와 맞서야 하는 상황이 싫어서 피하다 보면 결국 당신만 상처받는다.

칼에 베어 피를 철철 흘리는 사람이 아프다고 소리치는 건 당연한 일이다. 치료해 주는 의사나 칼을 휘두른 사람이 당신만큼 아파해 줄 리는 없다. 다른 사람들은 우리가 기대하는 것보다 훨씬 더 남의 고통에 무지하고 둔감하다. 말하지 않으면 당신의 희생은 당연한 의무가 되고 만다. 그러니 억울하다면 확실히 말하라. 그 어떤 성취도 당신의 인생을 희생해야 할 만큼의 가치는 없다.

관심받기 위해
떼를 쓰는 사람들

비는 누구의 머리 위에나 똑같이 내린다.
그러나 그치지 않는 비는 없다.
_미야베 미유키, 『외딴집』

    구드룬은 두 살 때까지 육아도우미를 엄마라고 생각할 정도로 부모와 직접적인 접촉이 거의 없이 자랐다. 그녀의 부모는 물질적으로 풍요로운 삶을 갖게 해 주는 것이 구드룬에게 더 좋은 일이라고 생각했다. 그러나 구드룬은 자신이 부모에게 중요한 존재가 아니라는 생각에 무척이나 소심하고 우울한 소녀로 자랐다. 그녀는 부모에게 회사보다 더 중요한 존재가 되고 싶었고 부모의 곁에서 사랑받고 존중받는 경험을 하고 싶었지만 그녀의 부모는 매일 육아도우미에게 잘 부탁한다는 말을 남기고 집을 나설 뿐이었다. 그렇다고 구드룬이 육아도우미에게 전적으로 의지할 수 있는 것도 아니었다. 정이 들 때쯤이면 얼마 지나지 않아 다른 사람으로 바뀌었기 때문이다. 결국 구드룬은 자신이 누구에게도 마음을 의지하지 못한 채 외롭게 자랐고, 일과 음식을 통해 공허한 마음을 위로받으려고 했다. 그녀는 늘 완전히 녹초가 될 때까지 혹독하게 일하고, 힘이 다 빠져 집으로 돌아오면 냉장고에 있는 음식을 모조리 꺼내 배를 잔뜩 채웠다. 더 이상 먹을 수 없을 때까지 음식을 집어넣어야 안정감과 만족감을 느낄 수 있었다. 그러나 안타깝게도 그런 만족감은 10분도 채 가지 않았다. 원래 삶에 대한 갈망, 관계를 맺고 싶은 욕구, 그리고 누군가에게 중요한 사람이 되고 싶다는 바람은 많이 먹고 많이 일하는 것으로 채울 수 있는 게 아니지 않는가.

사랑받고 싶어서 겸손해진 사람

애착관계를 제대로 맺지 못한 아이에게 남는 상처 가운데 가장 심각한 것이 스스로를 소중하게 생각하지 못한다는 것이다. 충분한 사랑을 받지 못한 사람들은 자신을 미미한 존재로 만들고 쉽게 모든 우선권을 다른 사람에게 넘겨 버린다. 남을 먼저 배려하고 난 후에 비로소 자신을 돌아보는 것이다. 그들은 '아니야'라는 말을 하지 못하고, 외부에서 자신에게 뭔가 요구하고 바라는 것에 저항하지 않는다. 오히려 먼저 알아서 챙겨 주지 못한 것을 못내 아쉬워하며 더 집요하게 다른 사람들의 관심사에 마음을 쓴다.

또 뭔가를 얻기 위해 투쟁하거나 자신들의 일을 관철시키는 것도 힘들어한다. 그런 일들은 몸에 배어 있는 겸손함을 거스르기 때문이다. 그러나 이런 겸손함은 이타적인 태도라기보다는 오히려 지속적으로 자신을 포기하는 것이나 마찬가지다. 자기가 원하는 게 아니라 늘 남의 부탁만 들어주고 있기 때문이다. 그래서 인정받고 사랑받기 위해서 지나치게 겸손함을 추구하는 사람들은 삶에 만족하지 못하고 분노에 차 있는 경우가 많다. 희생에 비해 돌아오는 보상이 거의 없거나 너무 작기 때문이다.

순전히 자기가 원해서 몸이 자동적으로 하는 선택이라고 말하지만 그들은 보상을 바란다. 결국 그들이 희생하는 것은 남을 사랑해서가 아니라 자신이 똑같은 배려를 받고 싶다는 기대와 욕구가 담겨 있는 것이다.

만약 이런 기대가 이뤄지지 않으면 그들은 분노를 표출하는 데, 대개 수동적이거나 간접적으로 피해를 주는 방식이다. 약속 시간에 일부러 늦는다거나 다른 사람의 부탁을 들어주지 않거나, 다른 사람들의 비밀을 폭로해 버리거나, 몸에 생긴 질병을 방치하는 식이다. 그럼으로써 다른 사람들이 자신에게 미안해하고 그동안 자신들이 얼마나 이기적이었는지 알아주기를 기대한다. 하지만 안타깝게도 신뢰만 잃을 뿐, 그 사실을 눈치 채는 사람은 거의 없다. 결국 그들은 자신의 뜻을 전하지도 못한 채 실망감에 점점 인색해지고 아예 마음의 문을 닫아 버린다. 그들이 조금이라도 스스로를 소중히 여긴다면 충분히 더 좋은 관계를 맺을 수 있을 텐데도 기회를 날려 버린다.

선택해, 나야? 축구야?

어떤 사람들은 '나는 소중하지 않다'는 무의식을 거부하기 위해 어떻게든 주목을 받으려고 발버둥 치기도 한다. 그들은 '내가 가장 중요한 사람이고, 다른 사람들은 나에게 맞춰야 한다'라는 신조에 따라 살아간다. 그리고 이런 자신의 메시지가 전달되지 않거나 이루어지지 않으면 엄청나게 상처를 받은 것처럼 행동한다.

축구 경기를 볼 때마다 꼭 부부싸움을 하는 커플이 있었다. 남편은 축구 경기가 중계될 때마다 대화를 하자고 하고 마트에 함께 가자고 조르는 아내를 이해할 수 없었다. 그는 그녀가 자신을 미워해서 괴롭히기 위해 그런 행동을 한다고 생각했다. 그러나 그녀는 정반대의 이유 때문에 그렇게 행동했다. 남편이 자기에게는 눈길도 주지 않고 다른 것에 몰입해 있는 상황을 견디지 못했던 것이다. 그녀는 남편이 축구 때문에 자신의 말에 건성으로 대답하고 자신의 요구를 들어주지 않는 것을 사랑이 식었다거나 무시당했다고 생각했다. 그러면서도 축구 경기보다 하찮은 존재가 된 것 같아 괴롭다는 말은 하지 못하고 막무가내로 화를 내면서 상처를 줬다고 울부짖었다. 그러면 남편은 축구를 병적으로 싫어하는 아내를 피해 다른 곳에 가서 경기를 보는 게 낫겠다는 생각을 할 뿐이었다.

결국 상대에게 언제나 중요한 존재가 되려는 욕구는 그 사람을 더 먼 곳으로 쫓아버린다. 그럼으로써 '나는 중요한 존재가 아니다'라는 두려움은 사실로 입증된다. 그러나 그 말은 진짜 중요한 사람이 아니라는 게 아니라 다른 사람과의 관계를 망치는 식으로 행동하기 때문에 그 사람과 멀어지게 된 것뿐이다.

누군가에게 중요한 존재가 되고 싶다면 자기가 먼저 스스로를 소중하게 생각해야 한다. 사랑하는 사람이 아무리 중요한 존재라고 말해 주고 아껴 준다 해도 내가 나를 아무 가치도 없는 사람이라고 생각한다면 상대의 사랑은 밑 빠진 독에 물을 붓는 것처럼 줄줄 새며 점점 더 큰 사랑을 요구하게 된다. 그런 의심의 구멍을 메울 수 있는 것은 오직 자기 자신에 대한 신뢰밖에 없다.

지나친 겸손함도 이기적인 우월감도 자신을 중요한 존재로 만들어 주는 방법은 될 수 없다. 우리에게는 그 누구보다 자기 자신이 가장 중요하다. 아무리 사랑하는 사람끼리도 서로가 자기 자신보다 중요해질 수는 없다. 내가 먼저 나의 욕구를 진지하게 받아들이고 나 자신을 중요하게 여길 줄 알아야 다른 사람도 내가 하는 것처럼 나를 대해 줄 것이다.

사랑받아 마땅하다, 난 나니까!

누구나 다른 사람에게 소중하고 중요한 존재가 되고 싶어

한다. 다만 관심을 보여 달라고 이야기하는 게 왠지 자신의 약점을 드러내는 것만 같아서 겸손함이나 우월감으로 포장하는 것뿐이다. 겸손한 사람은 누구나 좋아할 테고, 우월한 사람은 떠받들어 줄 거라고 생각하는 것이다. 그러나 자기 자신을 중요한 사람이라고 생각하지 않으면서 다른 사람에게 그 가치를 증명해 달라고 매달리는 것만큼 바보 같은 일은 없다. 그것은 사랑을 믿지 않으면서 사랑에 뛰어드는 것만큼이나 부질없는 시간 낭비다.

다른 사람에게 사랑받고, 칭찬받고, 존중받고 싶다면 자기 자신을 먼저 사랑하고, 칭찬하고, 존중해야 한다. 신뢰와 사랑이 넘치는 관계는 자기 자신을 믿기 전에는 만들어질 수 없기 때문이다.

그렇다고 위기를 겪을 때 무조건 혼자 견뎌내라는 말은 아니다. '아무도 나를 원하지 않아, 난 너무 멍청하고, 너무 못생겼고, 너무 뚱뚱해, 이 세상에 있을 권리가 없어'라는 식으로 삶의 근간마저 위태로워졌다고 느낄 때는 다른 사람에게 도움을 요청해야 한다. 나는 그룹 상담을 하면서 가까운 사람과의 유대가 상처를 치유하는 데 무엇보다 중요하다는 것을 알았다. 좋은 친구는 우리에게 우정 이상의 것을 준다.

자기 자신이 괜찮은 사람이라는 믿음과 앞으로 남은 인생은 지금보다 더 나아질 거라는 희망, 현실에 충실해도 좋다는 안정감을 느끼게 해 주는 것이다. 그러므로 자존감을 높이기 위해 해야 할 일은 지나친 겸손이나 우월감으로 사람들과 거리를 두고 괜찮은 척하는 게 아니라 소통을 통해 각자의 욕구와 소망을 존중받고 따로 또 같이 행복을 추구해 나가는 관계를 만드는 것이다.

왜 자신을 바꿔야
사랑받을 수 있다고
생각하는가

의미 있는 일만 해야 한다면 인생은 삭막해진다.
일기장에 '오늘은 특별한 일이 없었음'이라고 적은 그날도 상황에 따라서는
눈부시게 아름다운 날이었을 수도 있으니까.
_피터 빅셀, 『나는 시간이 아주 많은 어른이 되고 싶었다』

어린아이들은 캄캄한 어둠 속에 혼자 남으면 큰 소리로 노
래를 부르기 시작한다. 힘찬 자기 목소리가 용기 있는 사람처
럼 느껴지기 때문이다. 나약한 자존감도 자신의 모습을 들키
지 않기 위해 어린아이처럼 허세를 부릴 때가 있다. 일부러 거
만하게 행동하고 다른 사람의 평가에 무관심한 척하며 자신만
만하게 행동한다. 그러나 이런 허세가 일상이 되면 삶은 줄타
기를 하는 것처럼 불안정할 수밖에 없다. 왜냐하면 자존감이

무너지지 않기 위해서 언제나 더 강도 높은 연기가 필요하기 때문이다.

나는 완벽해야 해

'완벽한 나'라는 가면을 쓴 사람들은 나약한 모습이나 불안한 감정을 들키지 않기 위해서 신비주의를 고집한다. 주위 사람들과 가깝지도 멀지도 않은 애매한 거리를 유지하며 진심을 드러내지 않고 좋은 모습만 보여 주려고 한다. 심리학에서는 그것을 일컬어 자기애(Narcissism)적 성격 장애라고 부른다.

물속에 비친 자기 모습을 사랑하다 죽은 나르시스처럼 자기애는 거울에 비친 자신과 사랑에 빠진 상태를 말한다. 건강한 자존감을 가진 사람들, 그러니까 자신의 장점은 물론 단점도 분명하게 파악하고 인정하는 사람들에게 자기애는 원하는 것을 실현하고 더 나은 사람이 되기 위해 노력하게 만드는 원동력이 된다. 그들은 자신을 사랑하기 때문에 좋아하는 일을 하면서 다른 사람에게 인정도 받고 삶의 기쁨도 느끼려고 한다. 그러나 자존감이 손상된 사람은 순서가 뒤바뀌어, 다른 사람이 좋아하는 일을 함으로써 그들에게 인정받고 존재 이유를 찾으려고 한다. 그래서 자신의 감정이나 소망, 욕구 같은 것들을 마음 깊은 곳에 숨긴 채 '항상 웃는 얼굴을 하는 나, 실수란 모르고 능수능란하게 일을 처리하는 나, 강인한 나'만 사람들 앞에 내놓으려고 한다. 그들에게 다른 사람의 기대에 부응하지 못하는 '열등한 나'는 고통만 줄 뿐이기 때문이다.

강인한 나 vs. 열등한 나, 그리고 상처받은 나

심리학에서는 자기애적 성격 장애를 두 가지 유형으로 구분한다. 하나는 우월감을 느끼는 압도적인 유형이고 또 다른 하나는 열등감을 지닌 우울한 유형이다.

압도적인 자기애에 빠진 사람은 다른 사람을 지배하려는 특성을 지니고 있다. 남을 불신하고 오만하며 자기중심적이고 공격적이다. 그들은 스스로를 모든 정보를 내보내는 '발신자'로 삼고 남의 말에 귀를 기울이는 데 서투르며 의견 차이를 인정하지 않는다. 그리고 자신을 대단하고 범접할 수 없는 사람이라고 느낀다.

반면에 우울한 자기애에 빠진 사람은 '수신자의 기질'이 다분히 강하다. 그들은 남들의 비판과 비난을 여과 없이 받아들이고 그것에 빠르게 대응하기 위해 남의 말에 열심히 귀를 기울인다. 그래서 사람들이 모여 있는 곳에 가거나 여러 사람에게 주목받는 것을 힘들어한다. 기본적으로 사람들이 자신을 비난하고 있다고 믿기 때문이다. 이런 사람은 수줍음이 많으며 기분이 자주 바뀌고 쉽게 우울해한다. 그리고 무엇보다 굉장히 겸손하다.

인간관계를 맺는 방법이나 문제에 대응하는 방법에서도 이 두 유형은 전혀 다른 방식을 보인다.

압도적인 자기애에 빠진 사람이 열등감을 완전히 지우고 자신을 과대망상에 가까운 가짜 자아와 동일시하는 반면에, 열등감을 지닌 우울한 사람은 끝없이 자신이 부족하다는 생각 때문에 어떻게든 스스로를 '개조'하려고 한다. 오직 다른 사람의 눈에 보기 좋은, 사회가 이상적이라고 말하는 틀 안에 자신을 끼워 맞추려고 하는 것이다.

그러나 이 두 가지가 언제나 칼 같이 나뉘어 나타나는 것은 아니다. 두 가지 유형 모두 나약한 자존감이 근본 원인이기 때문에 상황에 따라 혼재되어 나타날 수 있다. 예컨대 압도적인 자기애를 가졌다고 생각됐던 사람이 속으로는 엄청난 열등감을 가진 우울한 사람일 수도 있다는 말이다.

베로니카는 성공한 변호사였다. 그녀는 늘 압도적인 태도로 사람들 앞에 나서곤 했다. 복장은 머리부터 발끝까지 한 치의 흐트러짐도 없이 단정했고, 말투는 논리정연하고 단호했으며, 실수를 지적할 때는 상대방의 얼굴이 순식간에 빨갛게 달아오를 정도로 날카롭고 거침이 없었다. 그녀의 이런 태도는 동료들에게 두려움을 안겨 주었다. 그녀에게 조금이라도 잘못 보이는 날에는 곧장 짐을 싸야 할지도 모른다는 농담이 사실처럼 떠돌 정도였다. 그러나 그녀가 이렇게 행동했던 이유는 소심한 성격과 스스로에 대한 불확실함을 들키고 싶지 않았기 때문이었다.

처음 그룹 상담을 받았을 때 그녀가 가장 놀란 것은 사람들이 자신을 두려워한다는 사실이었다. 그녀는 믿을 수 없다고 말했다. 정작 자신이 다른 사람들을 두려워하고 있었기 때문이다. 그녀는 사람들이 자신을 무능력하게 느낀다고 확신했다. 그래서 열등감에 허우적대며 수면 장애가 생길 때까지 스스로를 몰아붙였던 것이다. 베로니카는 그룹 치료에 참여하면서 비로소 객관적인 눈으로 자신을 바라볼 수 있는 거울을 앞에 두게 되었다.

그리고 다른 사람을 의식해서 하는 행동들이 얼마나 차갑고 비인간적이었는지 알게 되었다.

남이 원하는 사람이 되려고 하지 마라

압도적인 유형이나 우울한 유형 모두에게 결여되어 있는 것은 다름 아닌 '참된 자아'다. 자긍심, 자기 효능감, 정체성, 진실한 감정과 욕구 같은 삶의 에너지원들이 그들에겐 없다. 대신 과도한 인정 욕구, 우월감, 열등감 같은 것들이 머릿속을 가득 채우고 있다.

그러나 참된 자아와 접촉하지 못하면 아무리 멋진 외모를 갖고 풍요로운 삶을 살아도 늘 공허하고 혼란스러울 수밖에 없다. 내가 형편없는 사람으로 보이는 건 아닐까 하는 불안과 인정받고 싶다는 욕구 사이에서 벌어지는 혼란은 가면을 벗고 참된 자아와 만날 때 비로소 사라질 수 있기 때문이다.

우리의 자화상은 스스로를 어떻게 인지하고 자기 자신에 대해 얼마나 잘 알고 있는가에 따라 다르게 형성된다. 나는 나를 소심하다고 보는가 아니면 대범하다고 보는가, 나에게 재능이 있다고 생각하는가 아닌가, 성실하게 노력하면 인생을 바꿀 수 있다고 생각하는가 아닌가 등 자신이 생각하는 재능과 능력, 가치관이 우리의 이미지를 만든다. 따라서 나에 대한 지식이 많으면 많을수록 본래의 나와 이상적인 나 사이의 간극은 줄어들 수 있다.

과거라는
감옥에
갇히지 마라

위험이 닥쳤을 때 두려워하지 않는 동물은 없단다.
진정한 용기는 두려워하면서도 위험과 맞서는 거야.
_라이먼 프랭크 바움, 「오즈의 마법사」

　내가 엘렌을 처음 만난 건 2년 전이었다. 그녀는 아름다운
미소를 가진 매력적인 여성이었지만 자신은 결코 그 모습을
보지 못했다. 매사에 자신감이 없었고 필요 이상으로 착한 사
람이 되려고 했다. 자기 감정보다 남의 기분을 먼저 살피며 부
탁을 받으면 거절하지 못했고 자기 일은 뒤로 미룬 채 남의 일
을 성사시키기 위해 이리 뛰고 저리 뛰었다. 또 혼자 있을 때는
자신이 했던 행동이 너무 튀는 건 아니었을까, 대화 주제에서

벗어나는 말을 하거나 쓸데없이 진지한 얘기를 꺼내 분위기를 심각하게 만든 건 아닌가, 맞은편에 앉아 있던 사람이 눈썹을 찌푸린 게 나 때문은 아니었을까 하는 고민에 사로잡혀 스스로를 괴롭혔다. 그러면서도 정작 자신은 남에게 부담을 주거나 미움을 받을까 봐 어떤 부탁도 하지 못하고 마음이 상해도 꾹 참을 뿐 속마음을 드러내지 않았다.

심지어 사랑하는 사람에게도 솔직한 마음을 털어놓지 못해 작은 불화라도 생기면 차라리 헤어질 생각부터 했다. 진심을 말하는 순간 외롭고 초라한 자신의 진짜 모습이 드러날까 봐 두려웠던 것이다. 이런 이중적인 생활은 그녀의 외로움과 불안을 자극했고 마구 먹지 않으면 공허함을 떨칠 수 없는 상태에 이르게 만들었다.

하지만 묵은 상처가 마음을 할퀴고 속에서 몸부림치는데도, 엘렌은 도무지 마음을 열어 보이려고 하지 않았다. "어제 갑자기 화가 나고 마음이 허해져서 배가 터질 때까지 먹고 토했어요"라는 사실은 자연스럽게 말하면서도 왜 화가 났는지를 말하는 것은 어려워했다. 그저 조금이라도 폭식증이 나아지면 새 삶을 살 수 있을 것 같다며 떠나고, 얼마 지나지 않아 다시 죽을 것 같은 얼굴을 하고 돌아오는 일을 반복했다. 뭔가 아픈 기억이나 질투, 시기, 미움 같은 부정적인 감정을 입 밖으로 꺼내면 자신이 더 보잘것없어진다고 생각한 것이다.

그러나 그럴수록 나쁜 감정은 점점 더 강해지고, 끝내지 못한 숙제처럼 마음 한편에 부담으로 남아 비슷한 일이 생길 때마다 다시 그녀를 상처받은 그때로 데리고 갔다. 결국 그녀는 결혼까지 약속했던 사람과 사소한 말다툼 끝에 헤어진 후에야 평생 누군가를 진정으로 사랑할 수 없을지도 모른다는 생각에 자신을 돌아보기 시작했다.

환영받지 못한 아이

엘렌은 환영받지 못한 아이였다. 엘렌을 임신했을 때 그녀의 엄마는 이제 막 이름을 알리기 시작한 패션디자이너였고 아빠는 대학원을 졸업하고 새로운 사업을 시작한 상태였다. 당시 두 사람에게는 단란한 가정보다 일과 성공이 더 중요했다. 그래서 아이가 생겼다는 걸 알았을 때 기쁨보다는 후회와 원망이 더 컸다고 한다. 달리 방법이 없어서 낳은 아이는 태어나고 얼마 지나지 않아 엄마에게 가장 큰 기회가 됐을지도 모르는 스카우트 제안을 포기하게 만들고 만다.

삶에는 열리고 닫히는 수많은 문들이 있다.
그곳에 뭐가 있는지는 직접 문을 열고 들어가 봐야 알 수가 있다.
상처받은 기억에 눈을 가리면 더 고통받을 일은 없겠지만
행복도 만날 수 없다.

아무도 엄마를 대신해 아이를 돌봐 줄 수 없었기 때문이다. 엄마는 꿈을 포기했고, 그 대신 엘렌에게 모든 기대를 걸었다. 자신이 못다 이룬 꿈을 그녀가 대신 이뤄주길 바란 것이다. 그리하여 엘렌은 어릴 적부터 자신이 원하는 것들을 마음 깊이 묻어 둔 채 엄마가 원하는 삶을 살 수밖에 없었다.

엄마의 말을 따르지 않는다는 건 엄마를 불행하게 만드는 것과 같았으므로 엄마가 잘했다고 칭찬할 만한 일을 하기 위해 애썼다. 어른이 된 후에도 마찬가지였다. 그녀는 언제나 다른 사람에게 부담이 되거나 피해를 줄까 봐 전전긍긍했고 다른 사람의 마음에 들기 위해 노력했다.

부족할 것 없는 유복한 어린 시절을 보냈다고 생각했지만 감춰진 기억 속에는 혼자서는 아무것도 하지 못하는 어린아이가 엄마의 사랑을 받기 위해 눈치만 보고 있었던 것이다. 그리고 그 겁쟁이 아이가 지금도 모든 인간관계를 상대하고 있었다.

그때서야 엘렌은 자신이 진심을 보여 주는 걸 두려워하고, 다른 사람의 관심과 인정을 받기 위해 매달렸던 이유가 엄마의 사랑을 잃을지도 모른다는 불안에서 비롯된 것이라는 사실을 알게 됐다. 그리고 우리는 폭식을 멈출 수 있는 진짜 치료를 시작할 수 있었다.

눈에 보이는 증상을 치료하는 것만으로는 마음의 상처를 없앨 수 없다. 그것은 몸속에 어떤 병원체가 있는지 모르는 상태에서 약을 처방하는 것과 같다. 나쁜 증상은 사라지지 않고 약은 점점 더 독해진다. 고통스럽더라도 병의 원인균을 찾아 도려내지 않으면 독한 약이 주는 진통 효과에 의지해 단순히 통증이 없는 상태를 행복이라고 착각하게 된다.

상처도 마찬가지다. 맨 처음 마음이 상했던 곳으로 돌아가 해소되지 않은 감정들을 어루만져 주고 내면의 두려움을 다스리지 않으면 부메랑처럼, 메아리처럼, 상처가 다시 돌아오는 것을 막을 수 없다.

과거라는 감옥에 갇히지 마라

영화 〈트루먼 쇼〉의 주인공 트루먼 버뱅크는 보험회사에 다니며 사랑하는 아내와 행복한 가정을 꾸리고 있는 평범한 샐러리맨이다. 그러던 어느 날 물에 빠져 죽었던 아버지가 나타났다가 누군가에게 끌려가는 것을 목격하고, 자신이 사랑했던 여자가 '모든 건 가짜'라고 했던 말을 기억해 내면서 자신의 삶이 뭔가 이상하다는 것을 눈치 챈다. 모든 게 풍족하고 부유한 씨헤븐이라는 도시는 물론, 친구도 사랑도 가족도 누군가 짜놓은 각본에 의해 연기하고 있다는 사실을 알게 된 것이다. 자신의 삶이 모두 '쇼'였다는 것을 알게 된 트루먼은 완벽했던 스튜디오 세상을 탈출하기로 결심한다. 현실 세계로 나가는 문 앞에 선 그에게 '트루먼 쇼'의 기획자이자 총 감독인 크리스토프는 말한다. "현실은 부정부패가 가득하고 하루가 멀다 하고 범죄가 발생하는 아주 위험한 곳이야. 그에 비하면 여기는 천국이지. 어떤 고난도 고통도 없을 거야. 그런데도 나가겠다고?" 그러나 트루먼은 더없이 행복한 미소를 지으며 미련 없이 작별 인사를 한다.

어쩌면 상처받는 사람들은 이 영화의 주인공처럼 가공의 세계에 머물러 있는지도 모른다. 두려움에 떠는 자신과 마주하느니 아무 일도 없는 척 가면을 쓰는 게 덜 아플 것 같다고 생각하는 것이다. 그러나 그렇게 되면 행복한 인생을 살아갈 기회는 점점 사라지고 만다. 모든 게 가짜인 걸 아는데 어떻게 열렬히 사랑하고 모험하고 진심으로 행복을 추구하겠는가.

우리는 지금 이 순간을 살면서도 과거에 붙들려 있을 때가 많다. '엄마가 나에게 더 애정을 쏟았더라면, 공부를 더 열심히 했더라면, 그 사람을 만나지 않았더라면…….' 그리고 이런 아쉬움은 언제나 '그래서 지금 내가 이 모양이야'라는 불만으로 이어진다. 지난날을 원망하기 때문에 현재도 원망스러울 수밖에 없는 것이다.

상담을 받는 사람 중에도 과거의 상처와 마주한 다음 그 속에 안주해 버리는 사람들이 있다. 소심하고 예민한 성격이라고 생각했는데 이제 보니 엄마가 날 제대로 보살펴 주지 않아서 심약하고 과민해진 거였다고 과장하며 이제 와서 뭘 바꿀 수 있겠냐고 체념하는 식이다. 아직 인생의 절반도 살지 못했는데 그들은 살아온 대로 살아가는 수밖에 없다고 말한다.

그러나 그건 사실이 아니다. 당신은 오늘 이 순간부터 완전히 다른 사람이 될 수도 있고 완전히 다른 삶을 살 수도 있다. 점심 메뉴는 어떻게든 어제와 다른 색다른 걸 먹으려고 하면서 왜 인생은 과거가 별로였으니 어쩔 수 없다고 단념하는가. 과거를 통해 배우라는 것은 오늘을 후회 없이 살라는 말이지 과거를 반복하라는 말이 아니다.

근본적으로 내가 무엇을 할 수 있는지 없는지를 알아낼 수 있는 유일한 방법은 자신의 능력이 의심스럽다고 해도 일단 시도해 보는 것이다. 아무것도 하지 않으면 또 다시 상처받을 일은 생기지 않겠지만 평생 억눌린 상처에 발이 묶인 채 살아 갈 수밖에 없다.

우리는 뭔가를 시도하는 경험을 통해 배운다. 설사 그 시도 가 실패로 끝난다고 할지라도 우리는 그 과정에서 성장한다. 인생은 좋은 결과가 아니라 시도하는 과정 자체이기 때문이 다. 그러니 과거라는 감옥에 갇혀 지금 이 순간을 낭비하지 말 길 바란다.

Chapter 3

'남의 삶'이 아니라
'나의 삶'을 살아가라

왜 자신은 언제나
틀릴 수 있다고 의심하면서
다른 사람은 항상
옳을 거라고 생각하는가.

나를
내버려 두는 힘,
자존감

> 인생에 책임을 진다는 것은 다음의 두 가지를 뜻한다네. 이해하는 것,
> 그리고 인정하는 것. 그런 다음에 세상을 향해 얼굴을 돌려 이렇게 외치는 거라네.
> 그래, 다 내가 했어! 아니, 더 좋은 건 이렇게 외치는 것이네. 이 모든 것이 내 모습이야!"
> _페터 비에리, 『삶의 격』

    자존감은 '다른 사람이 나를 어떻게 평가하든 나는 충분히
사랑받을 가치가 있는 사람이다'라고 믿는 마음이다. 그것은
우리가 우리 자신을, 우리의 특성과 능력을, 그리고 우리의 감
정을 긍정적으로 평가하고 인정하는 것으로부터 시작된다. 즉
스스로를 가치가 있다고 인정하고 있는 그대로 받아들이는 마
음이 클수록 자신에 대한 회의는 그만큼 덜 치명적인 것이 된
다는 말이다.

세상에서 나를 사랑하는 사람도 미워하는 사람도 '나'다

심리학에서는 자존감을 '의식적인 것'과 '무의식적인 것'으로 구분한다. 먼저 무의식적인 자존감은 말 그대로 자신의 인격에 대해 무의식적으로 내리는 평가다.

예를 들어, 평소 눈인사 정도만 하고 지내던 사람과 회사 복도에서 마주쳤다고 하자. 그런데 그가 갑자기 "오늘 아주 멋져 보이네요"라고 칭찬을 한다면, 그때 순간적으로 스치는 스스로에 대한 감정이 바로 무의식적인 자존감이다. '사람 볼 줄 아네. 역시 난 매력이 있어'라고 뿌듯해한다면 무의식적 자존감이 높은 사람이고, '무슨 소리야, 옷이 이렇게 낡았는데. 날 놀리는 건가'라고 기분 나빠한다면 무의식적 자존감이 낮은 사람이라고 생각할 수 있다.

반대로 의식적인 자존감은 다른 사람이나 주변 상황과 상관없이 평상시에 자기 자신에 대해 갖고 있는 근본적인 평가다. 행동 하나 하나에 대한 즉각적인 반응이 아니라 '나는 대체로 긍정적이고 낙천적인 생각을 갖고 있는 사람이다'라는 식으로, 살아온 인생 전체를 되돌아보고 내리는 비교적 종합적인 판단이라고 할 수 있다.

흥미로운 것은 의식적인 자존감과 무의식적인 자존감이 항상 일치하지는 않는다는 사실이다.

우연히 마주친 누군가가 외모를 칭찬했을 때 '지금 나를 놀리는 건가?'라는 식으로 부정적으로 반응했던 사람이, 평상시에는 자신을 꽤 세련되고 멋진 사람이라고 생각할 수 있다는 말이다. 이렇게 서로 다른 반응이 나타나는 이유는 무의식적인 자존감이 인간관계의 깊이에 따라 각각 다른 판단을 내리기 때문이다.

평소에 나에 대해 좋지 않은 말을 했던 사람이 "오늘 머리가 예쁘네요"라고 말한다면 '어제까진 별로였군'이라고 부정적인 생각이 들 수 있다. 그러나 나와 좋은 관계를 유지했던 사람이 똑같은 말을 한다면 '오늘 데이트라도 해야겠네' 하는 식으로 긍정적인 생각이 들 것이다. 또 만약 처음 본 사람이 "당신은 내 스타일이 아니네요"라고 한다면 '너도 마찬가지다'라고 무시할 수 있겠지만, 호감을 가졌던 사람이 그런 말을 한다면 '난 정말 매력이 없구나'라고 단정 지을 정도로 상처를 받을 수도 있다.

그러나 원래 자존감이 고정적인 것이 아니라고는 하지만 자신에 대한 평가가 매일 오락가락 바뀐다면 우리의 내면은 불안정해질 수밖에 없다. 더군다나 스스로를 부정적으로 느끼는 일이 더 자주 일어난다면 자존감은 낮아지고 자기도 모르게 점점 움츠러들어 인간관계를 황폐하게 만들 수 있다. 이런 악순환을 막기 위해서는 무의식적 자존감과 의식적 자존감 사이의 불일치를 줄이고 둘 모두를 높여 주어야 한다.

무의식적인 자존감을 높이는 법

나는 내담자의 무의식적인 자존감이 어느 정도인지 알아보기 위해서 종종 다음과 같은 질문을 던진다.

1. 누군가에게 칭찬을 받았을 때 어떤 기분이 드는가?

   자부심이 든다 or 내 본모습을 알면 실망할 거라고 생각한다

2. 쇼윈도에 비친 당신의 모습이 마음에 드는가?

   마음에 든다 or 실망스럽다

3. 자기 이름이 마음에 드는가?

   좋다 or 촌스럽다

4. 자기 사진이나 비디오를 보면 어떤 기분이 드는가?

   누군가에게 보여 주고 싶다 or 감추고 싶다

5. 녹음된 자기 목소리가 마음에 드는가?

좋다 or 지워 버리고 싶다

6. 누군가와 게임을 할 때 어떤 생각이 드는가?

　이길 수 있다고 생각한다 or 질 거라고 생각한다

7. 자신의 글씨체를 좋아하는가? 좋다 or 싫다

8. 자신의 걸음걸이가 마음에 드는가? 좋다 or 싫다

9. 자신의 패션스타일이 마음에 드는가? 좋다 or 별로다

이런 질문을 하는 이유는 자기에게 속해 있는 것들을 어떻게 인식하고 있느냐에 따라 무의식적인 자존감의 크기가 달라지기 때문이다. 태어날 때부터 가지고 있는 고유한 특성들을 자신의 개성이라고 생각하고 받아들인 사람은 다른 사람이 자신을 폄하하거나 못마땅하게 행동해도 쉽게 자존감이 무너지지 않는다. 그러나 스스로 못났다고 생각하는 사람은 누가 자신을 멍하게 쳐다보기만 해도 뭔가 잘못을 저지른 것 같다는 생각에 안절부절하고 상처를 받는다.

　자넷은 자기 이름을 별로 마음에 들어 하지 않았다. 그건 300가지 이름이 담긴 작명대백과에서 135번째쯤 되는 순위에 있는 이름이었다. 인기가 높은 것도 아니고 그렇다고 독특한 것도 아니었다. 더 싫은 건 그 이름을 엄마가 지었고 '그다지

좋은 이름이 떠오르지 않아서 그냥 붙였다'는 사실이었다. 그녀는 절대 그 이름에 자신을 동일시할 수 없었다. 그래서 누군가 이름을 부를 때마다 돌아보고 싶지 않을 만큼 불쾌함을 느꼈고 의기소침해졌다.

그에 비해서 '피퍼'라는 성(姓)은 좋아했다. 그건 뭔가 학구적이면서도 모험가적인 느낌을 풍긴다고 생각했기 때문이다. 게다가 엄마보다 훨씬 똑똑하고 현명한 아버지에게 받은 거였다. 그래서 그녀는 결혼 후에도 아버지의 성을 그대로 간직했다. 아버지의 성을 버린다는 건 자신의 유일한 자부심을 버리는 것과 같았기 때문이다.

처음 남편과의 불화 때문에 상담을 받으러 왔을 때, 그녀는 엄청난 두려움과 자기 회의에 빠져 있었다. 자넷은 아버지가 자신을 떠난 이유가 엄마 때문이라고 생각했다. 엄마의 무식하고 히스테리컬한 성격 때문에 어쩔 수 없이 가족을 떠난 것이라고 말이다. 그래서 엄마를 미워했고 엄마가 준 이름이 견딜 수 없이 싫었다. 그런데 갑자기 남편이 헤어지자고 하자, 자신이 그토록 미워했던 엄마와 똑같은 사람이 됐다는 생각에 엄청난 좌절감을 느꼈던 것이다.

심리 상담을 하는 동안 나는 그녀가 심리적으로 아버지와

안정된 자존감은 자기 자신에게 얻은 좋은 평판이다.
내 삶에 만족하고 가치 있다고 믿는다면
누구와 일하든 누구를 사랑하든 남에게 맞추기 위해
자기 자신을 잃어버리는 불행은 없을 것이다.

자신을 동일시하고 있다는 것을 느낄 수 있었다. 자라면서 점점 엄마를 닮아간다고 하는 말들은 그녀에게 고문이나 다름없었다. 자신은 한심하고 답답한 엄마가 아니라 똑똑하고 자상하고 사려 깊은 아버지를 닮았다고 생각했기 때문이다. 사실 그녀의 아버지는 돈 버는 일에는 관심도 없고 오직 엄마에게 모든 책임을 떠맡기고 자기가 좋아하는 일만 하려고 했던 한량이었다. 그러나 그녀는 단편적인 기억에만 의지한 채 현실에 대한 불만을 모두 엄마에게 덧씌우고 만날 수 없는 아버지만 점점 더 좋은 사람으로 포장했다.

그녀는 엄마와 다르게 살겠다고 다짐했지만 결국 이혼에 이른 결혼생활을 돌아보며 비로소 엄마의 삶을 생각해 보았다. 밖으로 떠돌기만 했던 남편을 대신해 세 아이를 돌보며 생계까지 책임져야 했던 엄마가 얼마나 힘들었을지 그제야 충분히 이해할 수 있었다. 게다가 자넷을 낳았을 때 엄마의 나이는 겨우 스물두 살이었다. 친구들과 쇼핑을 하며 인생을 즐길 나이에 누군가의 아내로 엄마로 살아야 했던 엄마는 얼마나 답답했을까 하는 생각을 하자, 수십 년간 엄마를 원망했던 자신이 한심해서 견딜 수가 없었다.

그녀는 자신이 엄마에게 주었을 상처를 생각하며 진실로 용

서를 빌었다. 그리고 엄마를 닮았다는 이유로 무작정 싫어했던 자신의 특성들이 사실은 그리 못난 게 아니었다는 것을 깨달았다. 그제야 자넷은 자기가 누구이고 무엇을 필요로 하며 무엇을 원하는지를 찾을 수 있게 되었고, 새로운 관심사와 자신의 장점을 찾아 나가기 시작했다.

그녀는 더 이상 자신의 정체성을 이름이나 성에서 찾지 않는다. 여전히 '자넷'이라는 이름은 마음에 들지 않았지만, 그것 때문에 위축된다거나 자신을 열등하다고 느끼지 않았다. 그 이름을 가진 다른 여성들처럼 자기 역시 이름과 상관없이 꿈을 이루고 당당한 사람이 될 수 있다는 것을 알았기 때문이다.

의식적인 자존감을 높이는 법

누구나 살면서 자존감이 흔들리는 순간과 만난다. 다만 그 진동의 크기가 각각 다를 뿐이다. 자존감이 낮아지고 자기 자신에 대한 회의가 일어날 때 작지만 가장 효과가 있는 연습이 있다. 바로 자존감을 강하게 느꼈던 순간의 기억을 불러오는 것이다. 최대한 상세하고 구체적으로 떠올리는 것이 좋다.

그때가 언제였고 당신은 어디에서 누구와 함께 어떤 일을 하고 있었는지, 또 맡은 일을 성공시켰던 때인지, 함께 일했던 사람들과 유대감을 느꼈던 때인지 기억해 보라.

어떤 사람들에게는 숲 한가운데 홀로 누워 햇살과 바람을 느꼈던 평화로운 순간일 수도 있고, 어떤 사람들에게는 부모나 사랑하는 사람 곁에서 행복하다고 생각했던 순간일 수도 있다. 스스로에게 집중하면서 기억 속으로 파고 들어가 보라. 반드시 무엇인가를 발견하게 될 것이다. 그것이 꼭 거창한 것이어야 할 필요는 없다. 중요한 것은 기억 속에 떠오른 영상을 생생하게 느끼며 그때의 감정을 되살리고 그 감정에 머물러 보는 것이다.

안정된 자존감은 자기 자신에게 얻은 좋은 평판이다. 즉 다른 누군가가 좋게 평가해 주어서가 아니라 내가 삶에 만족하고 가치 있는 사람이라고 생각한다는 뜻이다. 우리가 이런 확고한 자존감을 가질 수 있다면 누구와 함께 일하든, 누구를 사랑하든 남에게 맞추기 위해 자기 자신을 잃어버리는 불행은 만들지 않을 것이다.

동화작가 롤란트 퀴블러는 『아주 철학적인 오후』라는 책에서 세상에서 가장 아름답고 지혜롭다는 '천국의 새'를 찾아 여행을 떠난 참새들의 이야기를 들려준다. 거만한 까마귀와 험상궂은 독수리, 멍청한 앵무새를 따라하다 몸과 마음에 상처만 입고 좌절하던 참새들은 마지막으로 박새를 따라 간 물웅덩이에서 드디어 천국의 새를 만난다. 아침 해가 뜰 때면 무지개처럼 찬란한 빛을 내뿜으며 웅덩이 위에 나타나는 아름다운 새의 모습에 참새들은 감동을 받는다. 그런데 나중에 알고 보니 그 천국의 새는 햇빛을 받아 물에 비친 박새의 그림자였다. 뻔뻔하게 이제 알았냐고 응수하는 박새들에게 참새들은 아우성치며 따진다. "그렇게 따지면 누구나 천국의 새가 될 수 있겠네? 나뭇가지 위에 앉아서 햇빛이 웅덩이를 비출 때까지 기다리기만 하면 되는 거잖아." 그러자 박새가 말한다. "이제야 알아듣는구나. 바로 그거야!"

우리는 세상을 살면서 소중한 것들을 잊고 살 때가 많다. 그 중에서 가장 자주 잊어버리는 것이 나 자신의 소중함이다. 자신의 아름다움, 지혜로움, 용기를 들여다보려 하지 않고, 내가 갖지 못한 다른 것들을 닮으려고 하기 때문에 참새도 아니고 까마귀도, 독수리도, 앵무새도 아닌 어정쩡한 인생을 살게 되는 것이다. 그러나 세상에서 가장 사랑스럽고 귀한 사람은 '나'고, 우리가 원하는 것은 이미 자기 안에 있다.

살아 숨 쉬는 것만으로도 사랑받고 행복할 수 있는 기본 자격은 다 갖췄다고 생각하는 사람만이 간절히 바라는 천국의 새를 만날 수 있다.

나답게
살게 해 주는
것들

기러기는 착해지지 않아도 돼.
무릎으로 기어 다니지 않아도 돼.
네가 누구든, 얼마나 외롭든,
너는 상상하는 대로 세계를 볼 수 있어.
_메리 올리버, 「기러기」

　자존감이 나에 대한 조건 없는 사랑과 신뢰라고 한다면 자긍심은 그중 '사랑'이라고 말할 수 있다. 자긍심은 자신의 가치와 능력을 믿는 당당한 마음이며, 자유롭게 행복을 추구할 권리, 자신의 소망, 욕구를 실행해도 된다는 확신을 주고, 나를 '나답게' 살 수 있게 만든다.

　자긍심이 있는 사람은 어떤 상황에서도 자신의 삶을 쉽게 포기하지 않는다. 그들은 다른 사람이 원하는 가치에 따르는 게 아니라 자신이 원하는 인생을 살기 위해 노력하며, 자신이 생각하는 옳고 그름에 따라 행동한다. 그래서 아무리 권력이 세고 부유한 사람이라고 해도 그 사람의 마음속에 깃들어 있는 자유로움과 인간다움을 함부로 사라지게 하지는 못한다.

『노예 12년』의 주인공 솔로몬 노섭은 뉴욕에서 바이올린 연주를 해달라는 사기꾼들의 속임수에 넘어가 자유인이라는 신분을 잃고 하루아침에 노예로 팔려가게 된다. 그리고 그때부터 무려 12년 동안 그는 노섭이라는 이름을 잃고 누구의 아버지도 남편도 아닌 농장주의 재산, 주인의 빚을 대신해 팔려 가고 주인의 허락 없이는 마음대로 죽을 수도 살 수도 없는 노예 '플랫'으로 살아간다.

경미한 죄는 25대, 일하지 않고 게으름을 피우면 100대, 싸움을 벌이면 200대, 도망치다 걸리면 개떼들에게 물어뜯기며 끌려와 500대를 맞아야 하는 규칙 아래, 새벽부터 밤까지 가축처럼 일하며 처음 배운 일이 서툴다는 이유로, 주인의 기분이 안 좋다는 이유로, 눈을 내리깔지 않았다는 이유로, 때로는 아무 이유 없이 매 맞고 괴롭힘을 당하는 노섭과 노예들. 그러나 살갗을 파고드는 채찍도 '나는 백인이 느끼는 감정과 내가 느끼는 감정이 다르다고 생각해 본 적 없다'라고 말하는 노섭

의 생각까지 없애지는 못한다. 12년 동안 한 번도 인간으로 대
접받지 못했지만, 노섭은 목숨만 부지할 수 있다면 다행인 하
루가 아니라 인간다운 삶을 되찾겠다는 희망을 한순간도 포기
하지 않았다. 그 희망 덕분에 그는 다시 가족의 품으로 돌아갈
수 있었다.

당당한 마음이 인생을 바꾼다

미국의 언론인이자 사회비평가인 얼 쇼리스는 빈곤에 대한
책을 쓰기 위해 자료를 수집하던 중 심각한 고민에 빠졌다. 빈
곤의 원인과 형태는 구체적으로 파악할 수 있었지만 그 해결
방법은 도무지 찾을 수 없었기 때문이다. 그러던 어느 날 뉴욕
의 한 교도소에서 여성 재소자와 인터뷰를 하다 뜻밖의 실마리
를 발견하게 된다. "당신은 왜 이런 삶을 살게 됐죠?"라는 그의
물음에 그녀가 이렇게 대답했던 것이다. "당신 같은 중산층 사
람들이 누리고 사는 정신적 삶이 없었기 때문이에요."

그녀가 말한 정신적인 삶이란 그림을 감상하거나 강연과 음
악을 듣는, 당장 돈을 버는 것과는 전혀 상관없는 것들이었다.
그는 충격을 받고 그녀의 말을 실험해 보기로 결심했다. 정신

적인 활동이 가난과 폭력과 불행한 삶을 해결할 수 있는지를 말이다.

그 후 얼 쇼리스는 마약 중독자와 노숙자, 전과자, 실업자, 매춘부 등을 모아 인문학을 가르치는 '클레멘트 코스'를 만들었다. 사람들은 그가 가난하고 실패한 사람들에게 돈을 주는 게 아니라 인문학을 가르친다는 사실에 어이없어 했다. 그러나 결과는 놀라웠다. 참가자 31명 중 17명이 끝까지 수업을 마쳤고 2명의 치과의사와 철학박사, 간호사, 패션 디자이너, 영문과 교수를 포함해 17명이 모두 대학에 입학하거나 취직에 성공했다. 무엇보다 이들이 삶을 대하는 태도가 긍정적으로 바뀌었다는 데 큰 의미가 있었다.

무엇이 그 사람들을 변하게 한 것일까? 그것은 자신의 가치와 능력을 믿는 당당한 마음, 바로 자긍심이었다. 인문학을 통해 자신의 삶의 가치와 이유를 묻고 답을 찾아가면서 패배감에서 벗어나 인생을 다시 시작할 힘을 얻게 된 것이다.

우리는 때로 돈을 벌기 위해서, 성공하기 위해서, 사랑받기 위해서 자신의 뜻을 굽히고 내키지 않는 말과 행동을 한다. 그러나 우리 삶을 변화시키고 원하는 것을 얻게 도와주는 것은 당장 몸을 편하게 해 주는 물질적인 것들이 아니라 포기하지 않는 마음이다.

단단한 자긍심은 우리 삶의 기반이다. 자신의 가치를 믿는 마음이 없다면 우리는 남이 하라는 대로, 시키는 대로 살며 늘 후회하고 한탄만 할 것이다. 그리고 제 능력을 발휘할 생각도 하지 못한 채 삶을 낭비하게 될 것이다. 물론 자긍심이 성공과 행복한 인생을 보장해 주는 것은 아니다. 그러나 자긍심이 없다면 성공도 행복도 가질 수 없다는 것은 분명하다.

더 이상 자신을
모질게 다그치지 마라

성장을 측정하는 기준은 평균 점수가 얼마인지가 아닙니다.
진정한 성장은 주어진 시간 동안 여러분이 무엇을 했는지,
하루하루를 보내기 위해 어떤 선택을 했는지,
누구의 마음을 움직였는지를 기준으로 가늠됩니다.
_R.J.팔라시오, 『아름다운 아이』

자존감을 구성하는 두 번째 중요한 요소는 '자기 효능감'이다. '열심히 공부하면 좋은 성적을 받을 것이다, 내가 지원한 회사에 합격할 수 있을 것이다, 나에게 닥친 어려움을 극복할 수 있을 것이다'라는 식으로, 살아가면서 맞닥뜨리게 될 기회나 위기들을 헤쳐 나갈 수 있다고 스스로를 믿는 마음이다. 그래서 '자기 효능감이 있다'는 말은 스스로를 높게 평가하며, 자신의 능력을 신뢰하고 비록 장애물이 있더라도 충분히 극복

할 수 있다는 의미로 해석할 수 있다.

자기 효능감이 있는 사람은 주어진 과제를 끝까지 완성해 내는 지구력이 있으며, 두려움이나 우울증 때문에 중도에 일을 포기하는 경우가 적고, 스트레스에 능동적으로 대처해 학교에서나 직장에서 다른 사람보다 더 많은 성취를 이룬다. 그러나 이런 자기 효능감은 어느 날 갑자기 벼락치기로 만들어지는 것이 아니다. 자존감이란 것이 원래 그렇듯이 성장하면서 부모나 가까운 사람들로부터 얼마나 큰 사랑과 신뢰를 받았는가에 따라 엄청난 영향을 받는다.

지나친 기대가 아이를 망친다

몇 년 전 지능지수는 상당히 높았지만 자기 효능감은 갖고 있지 못한 내담자를 만난 적이 있다. 그녀는 자기 폄하와 자기 긍정 사이의 냉온탕을 왔다 갔다 했다.

어릴 적 그녀는 또래 아이들 가운데서도 가장 영리한 아이로 꼽혔다. 공부도 잘했고 책을 좋아해 친구들에 비해 어휘력도 풍부했다. 그러자 그녀의 부모는 그녀를 장래의 노벨상 수상자로 보고 엄청난 기대와 요구를 하기 시작했다. 동화책을 읽고 있으면 철학책을 쥐어 주었고, 주말에는 개인 교사를 불러 학교에서 배우는 것보다 훨씬 어려운 물리학 공부를 시키기도 했다.

부모에게 그녀의 학교 성적은 자부심이자 유일한 자랑거리였다. 그들은 친척과 친구들 앞에서는 딸이 천재라고 추켜세우며 재능을 과장했고 뒤에서는 아이의 성적을 더 높이기 위해 엄청나게 공부를 시켰다. 그러나 그럴수록 그녀는 자신감을 잃어 갔다. 자신이 무엇을 잘하는지, 잘하고 있기는 한 건지 판단하기도 전에 무조건 더 잘해야 한다는 압박에 시달렸기 때문이다. 나중에는 시험지만 봐도 성적이 떨어질까 봐 겁을 먹었고, 책만 펼쳐도 머리가 어지러워 차분히 앉아 있을 수 없을 정도로 쇠약해졌다.

만약 이때라도 그녀의 부모가 자신들의 어린 딸이 얼마나 힘들어하는지 알아주었더라면 그녀가 학교를 그만두는 상황까지는 가지 않았을지 모른다. 그러나 그들은 딸의 불안한 마음이 아니라 들쭉날쭉한 성적표에만 충격을 받았고 왜 이렇게밖에 하지 못하는 거냐며 안달복달할 뿐이었다.

결국 그녀는 자신이 영리하다고 칭찬받았던 그때로 영원히 돌아가지 못했다. 또 한참 동안 자신의 능력과 자질을 제대로 평가하지 못했고 원하는 게 무엇인지도 알지 못했다. 삶이 즐겁지 않은 것뿐만 아니라 즐거운 걸 찾아 나설 기력도 없는 사람 같았다.

그녀에게 가장 큰 문제는 부모였다. 그녀의 엄마는 자기 자신에 대한 확신이 부족했고 아버지는 과대망상과 자기 폄하 사이에서 흔들리고 있었다. 두 사람은 스스로를 한없이 부족한 존재라고 생각해 언제나 너무나 이상적인 목표를 세우고 몸과 마음을 혹사시켰다. 그리고 딸에게도 같은 삶의 방식을 강요했던 것이다.

자기 효능감을 키우지 못하는 사람들은 대부분 위에서 말한 소녀처럼 과잉 요구에 시달리는 경우가 많다. 그들은 자신이 할 수 있는 것보다 훨씬 더 높은 수준의 성과를 요구받으며 자신이 아직 알고 있지 못하거나 배울 가능성도 없는 일을 해내야 한다는 압박을 받는다. 그러면 그 사람이 할 수 있는 선택은 두 가지밖에 없다. 엄청난 스트레스를 견디며 주위에서 요구하는 것들을 이루기 위해 발버둥 치거나 다른 사람의 기대는 물론 자기 인생까지 모두 놓아버리는 것뿐이다.

때로는 기대나 자극이 전혀 없어서 자기 효능감이 떨어질 때도 있다. 어린 시절 엄마로부터 지나친 보호를 받은 아이는 세

무엇을 할 수 있다 또는 할 수 없다는 판단은 자기 자신이 내려야 한다.
다른 사람의 기대에 맞춰 살다 보면 두 가지 선택밖에 할 수가 없다.
엄청난 스트레스를 견디며 이룰 수 없는 것을 이루기 위해 발버둥 치거나
모두 포기하고 세상과 담을 쌓는 것뿐이다.

상에 나오는 순간 절망할 수밖에 없다. 노력 없이 얻었던 많은 것들이 더 이상 저절로 채워지지 않기 때문이다. 그들은 한 번도 스스로 도전한 적이 없기 때문에 자기 자신을 믿지 못하며 지레 겁먹고 지레 포기하며 엄마의 품으로만 돌아가려 한다.

한쪽이 높은 기대치 때문에 스스로를 무능력하다고 느낀다면, 다른 한쪽은 한 번도 그런 평가를 받아 보지 못했기 때문에 스스로를 무능력하다고 생각하는 것이다.

실패는 내 잘못, 성공은 운 덕분

나는 완벽주의를 고수하는 내담자들을 상담하면서 사실은 그들이 지나친 기대를 받거나 반대로 지나친 보호를 받아 자기 효능감을 제대로 키우지 못한 사람들이라는 것을 알았다. 그들은 실수나 실패에 대한 두려움과 스스로 무능력하다는 열등감을 완벽한 행동, 탁월한 성과를 통해 보상받으려고 한다. 문제는 이런 완벽주의에 끝이 없다는 것이다. 그들은 성취할 수 없는 목표를 향해 달려간다. 그들에게 현실적인 목표치라는 것은 무능력한 사람들의 자기변명일 뿐이다. 그래서 안 되는 것을 억지로 해내려고 안간힘을 쓰면서 끊임없이 자신의 능력을 깎아내린다. 더 심각한 문제는 안 되는 일을 힘들게 해 내고도 자부심을 갖지 못한다는 사실이다.

자기 효능감이 낮은 사람들은 일이 잘 풀리면 다른 사람 덕 분이라거나 운이 좋았다고 생각한다. 자신의 능력이 어느 정 도인지 제대로 인지하지 못하고 또 신뢰하지도 않기 때문에 다음에는 분명 부족한 본모습이 들통 나고 말 거라고 생각하 며 성공할수록 오히려 두려움만 커진다.

실패했을 때도 마찬가지다. 그들은 모든 실패의 원인을 자 신의 재능이 모자란 탓으로 돌리고 아무리 노력해도 자신은 할 수 없다고 믿어 버린다. 그래서 한 번의 실패가 그들에게는 자존감을 무너뜨리는 치명적인 상처가 될 수도 있다.

또 실패 원인은 스스로에게 돌리는 반면 성공은 외부 환경 이 좋았던 덕분으로 돌리기 때문에, 실패나 성공으로부터 아 무것도 배우지 못한다.

이런 악순환을 끊어내기 위해는 스스로에게 내린 평가가 공 정한가, 아닌가를 따져 보아야 한다. 시험에서 만점을 받은 객 관적인 사실은 무시하고 '이번에는 운이 좋았어. 하지만 다음 번엔 실패할 거야'라고 슬퍼하는 건 너무 한심한 일이다.

내가 만난 대부분의 완벽주의자들은 객관적으로 보기에 충분히 인정받을 만한 삶을 살고 있었다. 안정적인 직업을 가지고 있었고, 집, 자동차, 취미생활도 부족함이 없었다. 하지만 그들은 하나같이 불행했고 한시도 쉬려고 하지 않았다. 언젠가 자신의 진짜 실력이 바닥나 지금 누리고 있는 모든 것들이 모래성처럼 한순간에 무너져 내릴까 봐 늘 겁을 먹고 있었기 때문이다.

모두 다 당신이 해낸 일이다

미래는 알 수 없기에, 모든 사람들은 미래에 대한 막연한 두려움을 느낄 수밖에 없다. 하지만 자신의 능력을 믿지 못해서 오지 않을 미래를 걱정만 한다면 우리는 결국 불행해진다. 현재는 늘 부족하고 미래를 대비해야 하는 삶이기 때문이다.

자기 효능감이 높은 사람들은 성공의 이유를 자기 자신에게서 찾는다. 시험에 합격했을 때 혹은 목표했던 결과를 얻었을 때 "정말 열심히 준비했어. 다음에는 더 잘할 수 있을 것 같아"라며 스스로의 재능과 노력에 자부심을 느끼고 자신감 있게 기회를 잡는다. 운이 좋았다고 생각하더라도 백퍼센트 운 덕분에 일이 잘됐다고 생각하지는 않는다. 자신이 최선을 다하지 않았다면 운도 따라주지 않았을 거라고 생각하기 때문이다. 반대로 실패했을 때는 운이 나빴다거나 자신이 더 열심히 노력하지 않았기 때문이라고 생각한다. 그래서 일이 잘못되더라도 자신의 본질을 깎아내리지 않고 다시 일어설 수 있는 것이다.

성공과 실패의 원인을 찾는 일이 객관적인 사실이나 정황을 따지지 않고 오직 주관적인 감정과 해석에 의해 이루어진다면 우리의 실제 능력과 성취는 늘 저평가될 수밖에 없다. 실패에 대한 확신이 확고하면 할수록, 긍정적인 성취를 자신의 성과로 인정하는 것은 줄어들고 자동적으로 앞으로 실패할 확률은 높아지기 때문이다. 그런 사람은 아무리 많은 성공을 해도 자존감을 높일 수 없다. 자존감이 높아지는 것은 오직 성공의 원인을 자신의 노력과 능력 덕분으로 돌릴 때만 가능하다.

'충분히 알 것 같아'라는
말의 기적

> 더 따뜻하게 대했어야 했어.
> 그런 건 아무리 많이 해도 후회하지 않는 거잖아.
> 나이가 들어서 '그 사람한테 친절하지 말았어야 했는데'라고
> 말하지는 않는 법이니까.
> _할레드 호세이니, 『그리고 산이 울렸다』

한 번이라도 사랑해 본 사람이라면 알 것이다. 사랑이 시작되는 순간 그 감정을 숨기기란 정말 어렵다는 것을. 왜냐하면 그 감정이 어떤 사리판단을 할 새도 없이 튀어 나와 상대를 향하기 때문이다. 그가 좋아하는 음식을 가까이에 놓아 주고 그에게 향하는 먼지를 걷어 내 주고 그 사람이 어디에 있든 기어이 찾아내 바라보게 만드는 사랑, 그의 시선으로 세상을 보고 그와 같은 감정, 생각, 경험을 공유하고 싶어지는 그런 사랑을

어떻게 감출 수 있겠는가. 그래서 사람들은 세상 그 무엇보다 사랑이 빠져나간 자리가 가장 공허하다고 말하는 것인지도 모른다.

사랑하기 때문에 상대의 마음을 알아주고 이해해 주는 것을 심리학에서는 '반영(spiegelung)'이라고 부른다. 반영이란 물에 내 모습을 비춰 보듯이 상대를 통해 나의 마음을 이해받는 것이다. 예를 들어, 엄마들은 갓난아이가 울면 기저귀를 갈아 달라는 울음인지, 밥을 달라는 울음인지, 재워 달라는 울음인지 알아내기 위해 아이의 얼굴을 들여다보고, '배고프구나, 졸립구나' 말을 걸며 아이의 마음을 충분히 이해하고 있다는 사실을 얘기해 준다. 또 어린이집이나 학교에서 친구와 다퉈 우울해할 때면 엄마들은 아이 곁에 바짝 붙어 앉아 무슨 일이 있었는지, 왜 기분이 나빴는지, 사과하고 싶은지, 더 화를 내고 싶은지 물어보며 아이의 마음을 알아주고 이해해 주려고 노력한다. 이런 반영을 통해 아이는 엄마와 완전히 '결속(bindung)'되고 안정적인 정서 발달과 행동 발달을 이룰 수 있는 토대를 마련하게 된다. 그래서 부모나 가까운 사람들로부터 정서적 반영을 충분히 받은 아이는 나중에 자라서 슬픈 일이 생기더라도 스스로를 위로하고 불안한 마음을 빨리 진정시킬 수 있다.

그러나 반영이 제대로 이루어지지 않은 환경에서 자란 아이들은 엄마와의 결속력이 약한 것은 물론이고, 자신의 감정이나 행동을 있는 그대로 드러내서는 안 된다는 두려움을 갖는다. 예를 들어, 아이들은 장난감이 부서지면 슬퍼한다. 이때 아이의 감정을 반영해 주는 행동은 품에 안고 토닥여 주며 "장난감 때문에 마음이 아프다는 걸 엄마도 충분히 알고 있단다. 우리 함께 고칠 수 있는지 살펴볼까?"라고 위로해 주는 것이다.

그런데 이런 상황에서 뭘 그런 걸 갖고 우냐며 야단치거나 유별나고 소심한 아이로 취급하면 그 아이는 자신의 슬픈 감정을 무조건 부정적인 것으로만 생각하게 된다. 실제로는 슬프지만 엄마가 야단을 치니까 자신의 감정을 믿어야 할지 말아야 할지 모르는 상태에 빠지는 것이다. 이렇게 마음속에 생긴 감정이 제대로 반영되지 못하고 가족들이나 가까운 사람들에 의해 부정당하면, 자신의 진짜 감정은 분해되고 상대의 마음에 드는 감정을 억지로 꾸며내게 된다.

그런 아이들은 불안을 느끼는 상황에서 마음을 진정시키기가 훨씬 어렵고 나중에 자라서도 부정적인 감정들을 통제하지 못해 사소한 일에도 공격적으로 반응하는 경우가 많다. 또 만성적으로 높은 스트레스를 보이며 삶에 대한 근본적인 두려움을 느낀다. 결국 자존감의 결핍은 본질적으로 아이의 인격을 고려하지 않는 데서 생겨나는 것이다.

참지 말고 울어라

아이든, 어른이든 정체성을 발전시키기 위해서는 누군가로부터 사랑받고 인정받는 반영을 통해 자존감을 확립하는 과정이 필요하다. 그러나 우리는 안타깝게도 감정을 억압하는 것이 세련되고 품위 있는 태도라는 식의 교육을 받으며 살아왔다. '남자는 울면 안 된다, 숙녀는 크게 웃으면 안 된다, 감정을 있는 그대로 드러내는 건 손해다'라는 말을 얼마나 많이 들어왔는가. 우리는 도대체 왜 그래야 하는지도 모른 채 울지 않고 화를 참아야 착한 아이가 될 수 있었다.

그러나 이렇게 감정을 억압당한 사람은 상처를 입었을 때 발생하는 강렬한 고통과 두려움을 어떻게 처리해야 할지 몰라 마음 깊은 곳에 묻어 버리고 영영 치유할 수 없게 방치할 위험이 있다. 그러면 당장의 고통을 피할 수는 있겠지만, 대신 평생 우울한 삶을 살아야 하는 대가를 치르게 된다.

사랑하는 사람을 잃었을 때 드는 슬픈 마음, 의지하던 사람에게 외면당한 아픔, 몸이 아플 때 느끼는 고통, 좋은 일이 있을 때 드는 설렘과 기쁨, 예의에 어긋나는 행동을 봤을 때 끓어오르는 분노, 마음처럼 일이 되지 않을 때 밀려드는 짜증은 모두 우리가 생생하게 경험해야 할 진정한 감정들이다. 이런 감정을 무시하면서 제대로 인간관계를 맺고 사회생활을 할 수 있는 사람은 없다. 자신이 느끼고 있는 감정과 생각에 대해서 진지하게 의문을 제기하고 고민해 보지 못했을 뿐만 아니라 자신의 감정과 생각이 누구나 겪을 수 있는 당연하고 긍정적인 것이라는 정체성을 발전시키지 못했기 때문이다.

그렇게 되면 자존감이 약한 사람은 자신의 감정조차 제대로 다루지 못할 뿐만 아니라 참된 자아와도 제대로 교류하지 못한다. 다른 사람들에게 거부당할 거라는 두려움이 너무나 커서 스스로 솔직하게 느끼고 행동하는 대신에 스스로 남들에게 적응하는 쪽을 택하는 것이다.

정신과 교수 에드워드 할로웰은 사랑하는 사람을 잃은 슬픔을 제대로 표현하지 못한 사람들은 1~2년 안에 깊은 우울증에 빠질 수 있다고 말한다. 마음 밑바닥에 깔린 해소되지 못한 고통이 그 이후에 느끼는 모든 기쁨과 즐거운 감정에 죄책감을 갖게 만든다는 것이다. 반대로 감정에 솔직해지고 슬픔을 남김없이 표현하면 우울증과 스트레스에서 벗어날 확률도 그만큼 높아진다고 한다.

1997년 영국의 왕세자비였던 다이애나가 교통사고로 사망했을 때 영국 전역은 슬픔에 잠겼다. 그녀의 집 앞은 물론 전국에 세워진 추모비에 수백 개의 꽃다발이 놓였고 웨스트민스터 사원에서 거행된 장례식에는 수많은 사람들이 모여 그녀의 죽음을 슬퍼하며 눈물을 흘렸다. 그로부터 몇 년 후 심리학자들은 특이한 변화를 발견했다. 그녀의 죽음 이후 심리상담소를 찾는 영국인들의 숫자가 대폭 감소한 것이다.

그들은 이 현상을 '다이애나 효과(Diana effect)'라고 부른다. 좀처럼 감정을 드러내지 않아 우울증에 걸렸던 사람들이 다이애나의 죽음을 애도하며 실컷 울음으로써 우울한 감정을 토해 내고 해소할 수 있었다는 것이다. 즉 울음이든 분노든 감정을 드러내는 것이 화를 참고 분노를 억누르며 억지로 안정을 찾는 것보다 더 빨리 새로운 삶을 시작할 수 있는 방법이라고 그들은 말한다.

트라우마와 직접 대면하라

심리학자이자 트라우마 전문가 게오르그 피퍼의 『쏟아진 옷
장을 정리하며』라는 책에는 1988년, 51명이 사망한 독일 보르
켄 광산 붕괴 사고에서 살아남은 6명의 광부들에 관한 이야기
가 나온다. 그들은 스스로를 살아남은 죄인이라고 생각했다.
차라리 자신이 죽고 다른 동료가 살았다면 세상에 더 이롭지
않았을까 하고 생각하는 사람도 있었다. 그들은 죽은 동료의
가족들이 '왜 동료를 구하지 못하고 혼자만 살아왔냐'고 원망
할 것만 같아서 집 밖으로 나오는 것조차 힘들어했지만 가족
은 물론 그 누구도 그들의 두려움을 이해하지 못했다.

그러던 어느 날 생존 광부 중 한 사람이 길을 가다가 죽은 동
료의 부인과 마주치는 일이 일어났다. 멀리서 달려오는 동료
의 부인을 보자마자 그는 쥐구멍에라도 숨고 싶은 심정으로
안절부절하며 그 자리에 얼어붙어 버렸다. 그런데 그 부인은
마치 죽은 남편이라도 만난 듯 감격스러워하며 당신이 살아와
서 너무나 기쁘다고 말하는 거였다. 당신을 통해 남편과 다른
사람들이 어떻게 세상을 떠났는지 들을 수 있게 돼 다행이라
고 말이다.

그는 그녀와의 만남을 다른 다섯 명의 광부들에게 들려주며

살아남은 자신들이 무엇을 해야 하는지 깨닫게 되었다. 죽은 동료들을 기억해 주고, 또 다시 이런 일이 일어나지 않도록 노력하며, 사랑하는 사람을 잃은 사람들의 슬픔을 함께 나눠 주는 것이 자신들의 소명이라고 생각하게 된 것이다. 그들은 고통과 두려움을 주었던 사람으로부터 이해받음으로써 마음을 짓누르던 죄책감에서 벗어날 수 있었다.

우리는 사회에 소속되어 살아가는 공동체의 일원으로서 세상과 긴밀하게 연결되기를 원하며 사랑하는 사람과 가깝게 밀착되기를 바란다. 그런 '결속'은 반영을 통해 가장 확실하게 느낄 수 있다.

그래서 사람들은 다른 사람이 자신을 어떻게 생각하는지 신경 쓰고 인정받기 위해 노력하며, 사랑하는 사람이 자신과 함께 슬퍼해 주거나 기뻐해 줄 때 또는 굳이 말하지 않아도 지금 뭘 필요로 하는지 알아 줄 때 행복해하는 것이다. 특히 상처받고 낙담한 사람들에게는 사랑하는 사람으로부터 받는 반영이 진짜 자아를 찾게 도와주고 다시 살아갈 힘을 불어넣어 주기도 한다.

그러니 세상으로부터 등을 돌리고 스스로를 고립시키는 것으로 불안과 두려움을 해소하려고 하지 마라. 누군가 손을 잡아 주고 고통스런 상황에서 *끄집어내* 주길 바란다면 우리가 세상을 향해 손을 내밀고 있어야 한다.

나를 사랑하는
6가지 자아 존중법

두려움은 적게 희망은 많이, 먹기는 적게 씹기는 많이,
푸념은 적게 심호흡은 많이, 미움은 적게 사랑은 많이 하라.
그러면 세상의 모든 좋은 것이 당신 것이다.
_스페인 속담

　사람들이 자존감을 되찾을 수 있도록 도우면서, 나는 자존
감을 여섯 가지로 나누어 강화하는 연습을 할 수 있다는 사실
을 깨달았다. 자존감은 내면의 목소리에 귀를 기울이고 자기
생각을 존중하는 것만을 의미하지 않았다. 또 자신의 외모나
능력을 존중하는 것만을 의미하는 것도 아니었다. 자존감은
그 모든 것과 관련이 있었다.

　나는 자존감에 영향을 끼치는 이 여섯 가지 요소를 분리함

으로써 좀 더 면밀하게 사람들의 상태를 파악할 수 있었고 자존감을 높이고 삶의 균형을 되찾기 위해 가장 먼저 무엇을 채워야 할지도 찾아낼 수 있었다. 그리고 자존감이 낮다고 해도 다른 높은 가치들을 가질 수도 있다는 사실을 알게 되었다.

예를 들어 어떤 사람은 자기 자신을 좋아하지만 사람들과의 접촉에서는 안정감을 못 느끼고 능력은 있지만 체력에 자신이 없었으며 매력적이지만 비판에 대응하는 능력은 없었다. 이 모든 것들을 종합적으로 체크해 봐야 스스로에 대한 올바른 판단을 내릴 수 있고 낮은 자존감도 빨리 회복할 수 있다.

나는 내담자들에게 여섯 가지 자존감에 관한 질문을 던지고 0에서 10까지 점수를 매겨서 각자 자존감의 크기를 기록해 보게 했다. 점수가 0에서 3사이라면 자존감이 약하다고 볼 수 있고, 4에서 7사이는 중간, 8에서 10은 비교적 자존감이 높은 사람이라고 볼 수 있다. 도저히 경중을 따질 수 없다면 5로 평가하길 바란다. 그럼 시작해 보자.

정서적인 자존감 : 나는 나를 좋아하는가, 싫어하는가?
정서적인 자존감은 가장 근간이 되는 자존감으로, 있는 그

대로의 자신을 이해하고 받아들이고 있느냐를 알려 주는 것이다. 정서적인 자존감이 높은 사람은 삶에 대한 만족도가 높고 자신의 인격에 대해 긍정적으로 생각하며 자신의 능력을 섣불리 의심하지 않는다.

그리고 끊임없이 자신을 의심하는 말에 귀를 기울이는 대신 자신의 편이 되어 스스로를 신중하게 보살피고 자신이 바라는 것들에 귀를 기울이며 이를 행동으로 옮긴다. 그러나 반대로 정서적인 자존감이 낮다면 끊임없이 스스로를 의심하며 습관적으로 부정적인 결론을 내리고 삶을 우울하게 만들 수 있다.

정서적인 자존감 지수

1. 나는 지금 이대로의 내 모습에 만족한다.

2. 누군가로부터 모욕을 당하거나 상처 입었을 때 3일 안에 스스로를 안정시킬 수 있다.

3. 나는 다른 사람에게 존중받을 가치가 있는 사람이라고 생각한다.

➔ ① ② ③ ④ ⑤ ⑥ ⑦ ⑧ ⑨ ⑩

대인관계에 대한 신뢰 : 나는 다른 사람들과 함께
있을 때 얼마나 안정감을 느끼는가?

다른 사람에게 자신감 있게 자신의 진짜 모습을 보여 줄 수 있는가? 스스로 약점이라고 생각하는 부분을 얕잡아 보일 거라는 두려움 없이 얘기할 수 있는가? 아니면 어떻게든 그 순간을 모면할 방법만 찾는가?

만약 자신의 부족한 부분을 들킬 것 같은 두려움 때문에 사람들과 접촉할 때마다 소심해지고 가급적 눈에 띄지 않길 바라며 조직 주변부에 머무르려 한다면 새로운 관계를 맺는 일은 인생에서 사라지고 말 것이다. 한 번 피하게 되면 다음번에 관계를 맺을 때는 두려움이 더 커지며 두려움에 대한 두려움이 생기는 식으로 악순환이 이어지기 때문이다. 이 두려움의 순환 고리를 끊어 내지 않으면 내성적이고 소심한 성격은 자격지심이라는 두려움에 둘러싸이게 되고 자격지심은 피해의식으로 발전하게 된다.

우리가 인간관계를 두려워하는 이유는 그 사람이 나를 싫어하게 될까 봐 두렵기 때문이다. 또 그 사람에게 거부당하는 것이 세상 모든 것으로부터 거부당하는 것처럼 느껴지기 때문이다. 그러므로 관계를 맺는 일에 대한 두려움을 없애기 위해서는 일단 모두와 잘 지내야 한다는 생각부터 바꿔야 한다.

우리는 모든 사람과 잘 지낼 수 없다. 인간관계는 100명씩 한꺼번에 쌓이는 게 아니라 한 사람씩 늘려가는 것이다.

먼저 단 한 사람과 좋은 관계를 맺겠다고 생각하라. 그러면 그 사람이 다른 두 명의 좋은 친구를 연결해 줄 것이다. 중요한 것은 그 사람에게 무조건 맞추려고 하지 말고 있는 그대로의 자신을 보여 주려고 노력해야 한다는 것이다. 자신 있게 자기 생각을 말하고 단호하게 반대 의견도 낼 수 있을 만큼 당당해져야 비로소 다른 사람들과 솔직하고 자유롭게 만날 수 있다.

대인관계에 대한 신뢰 지수

1. 새로운 사람을 만나는 것이 즐겁다.

2. 다른 사람들과 다른 의견을 당당하게 말할 수 있다.

3. 많은 사람들이 모여 있는 곳에 참석할 때 긴장하지 않는다.

4. 내 약점에 대해 편안하게 말할 수 있다.

 ① ② ③ ④ ⑤ ⑥ ⑦ ⑧ ⑨ ⑩

사회적인 자존감 : 비판에 견디는 능력

사회적 자존감이 얼마나 확고한지를 알려면 비판받는 상황을 떠올리면 된다. 왜냐하면 비판은 자존감이 나약할 때 훨씬 공격적으로 변하기 때문이다. 다른 사람의 비판을 견디지 못하는 사람은 스스로를 의심하고 습관적으로 자기를 폄하하거나 어떻게든 우월감을 느끼기 위해 안간힘을 쓴다. 다른 사람의 인정이나 칭찬을 통해서만 자신의 존재 가치를 찾으려고 하기 때문이다. 사회적 자존감은 이런 사람들에게 자신에 대한 확고한 신뢰를 심어 준다.

'나는 단점을 가지고 있지만 그럼에도 불구하고 꽤 괜찮은 사람이다'라는 긍정적인 자존감을 지니고 있는 사람은 외부에서 비판을 받았을 때 물론 고통은 느끼지만 그것으로 인해 자신이 살 가치가 없다고는 생각하지 않는다.

칭찬받고 싶고 인정받고 싶은 욕구가 충족되지 않아 괴롭지만 그것을 열등감으로 발전시키는 게 아니라 건설적인 대안을 찾으려는 동력으로 활용한다. 이런 경우 비판은 자존감을 파괴하는 요인이 아니라 더 나은 삶을 만들기 위해 수집해야 할 정보가 될 수 있다.

또한 자존감이 확고한 사람은 누군가 자신을 비판했을 때 그

내용이 부당하다고 생각되면 거부할 줄 안다. 나의 잘못이 아닌 것을 떠안고 괴로워하는 게 아니라 상대의 잘못으로 돌려주고 그 사람이 나를 비판함으로써 얻는 게 무엇인지, 혹은 그 사람이 열등감이나 우월감에 도취되어 이유 없이 나를 괴롭히는 것은 아닌지를 따져 본다. 비판은 종종 우리 자신보다는 비판하는 사람에 대해서 더 많은 것을 알려 주기 때문이다.

대부분의 사람들은 비판적인 말을 들었을 때 저항할 생각도 하지 못하고 금세 의기소침해지며 외딴 공간에 자신을 밀어 넣고 무능함을 질책한다. 그리고 더 큰 갈등을 만들지 않고 다른 사람과 조화를 이루기 위해서 무조건 '그래, 내가 그렇지' 하고 받아들인다. 그러나 자동적으로 고개를 끄덕이기 전에 그 사람의 비판이 정말 옳을까? 숨은 의도가 있거나 감정이 섞인 것은 아닐까? 하는 합리적인 의심을 반드시 해야 한다.

내가 나를 옹호하지 않으면 우리는 비판과 비난 속에서 살아갈 수밖에 없다. 그들이 우리를 '빵에 바르는 버터처럼' 만만하게 생각하지 않도록 확고한 자존감을 보여 주어야 한다. 그래야 자신을 잃어버리지 않고 자신이 가고자 하는 길에서 빗겨 나지도 않을 수 있다.

사회적인 자존감 지수

1. 다른 사람의 비판에 무조건 순응하지 않고 건설적으로 맞설 수 있다.
2. 누군가 부당한 비난을 할 때 망설이지 않고 즉시 스스로를 옹호한다.
3. 다른 사람이 인정해 주지 않아도 내가 최선을 다한다면 그걸로 충분하다고 생각한다.

→ ① ② ③ ④ ⑤ ⑥ ⑦ ⑧ ⑨ ⑩

능력에 대한 신뢰 : 나는 나의 능력을 얼마나 높게 평가하는가?

자기 능력을 객관적으로 판단하기란 생각보다 어렵다. 거의 대부분의 사람들이 자기 능력을 과대평가하거나 과소평가하고 있다고 해도 과언이 아닐 정도다. 겸손이 미덕이라는 가르침이 워낙 철저했던 탓인지, 스스로를 과소평가하는 사람들은 하나같이 탁월한 능력을 가지고 있으면서도 누가 칭찬을 하려고 하면 욕이라도 들은 사람처럼 얼굴이 벌개져서 구석으로 숨어 버린다. 반대로 과대평가하는 사람들은 아무렇지도 않게 실제 능력보다 자신을 높게 평가하고 또 그렇게 믿어 버린다. 그리고 그 믿음이 흔들릴지도 모른다는 의심이 들면 다른 사람을 깎아내리고 폄하하는 일도 서슴지 않는다.

과소평가와 과대평가는 모두 다른 사람에게 인정받고 싶은 욕구와 관련이 있다. 과소평가는 자신이 너무 튀면 사람들이 싫어할 거라고 생각하고, 과대평가는 자신이 완벽해지지 않으면 사람들 사이에서 퇴출당할 거라고 생각한다.

결국 자신의 능력을 제대로 평가하고 신뢰한다는 것은 다른 사람의 시선에서 자유로워질 수 있다는 말과 같다.

적절한 평가를 내리기 위해서는 능력을 제대로 인지하는 것뿐만 아니라 능력의 한계를 존중하는 일도 필요하다. 만약 한계를 인정하지 않고 모든 일을 잘 할 수 있다고 생각한다면 스스로를 과대평가하는 함정에 빠질 것이고, 그 한계를 너무 얕게 잡는다면 과소평가하는 함정에 빠질 것이다. 그러므로 능력과 관련된 자신의 가치를 제대로 평가하기 위해서는 자기 스스로 어떤 일까지 해낼 수 있는지 최선을 다해서 노력하되,

실수할 수도 있다는 사실을 허용해야 한다.

능력에 대한 신뢰 지수

1. 내가 할 수 있는 일의 범위가 어디까지인지 잘 알고 있다.

2. 새로운 일을 맡으면 설레고 흥분된다.

3. 실패도 공부라고 생각한다.

몸에 대한 존중

당신은 당신의 몸을 사랑하는가? 아니면 거울을 통해 자신의 모습을 들여다보는 것을 피하는가? 당신은 아름다워지고 매력을 갖기 위해서는 몸무게도 덜 나가고 코 수술 정도는 해야 한다고 생각하는가? 아니면 지금 모습 그대로 충분히 매력적이라고 생각하는가?

한 가지 부정할 수 없는 현실은 전 세계 많은 여성들이 스스로의 외모를 실제보다 훨씬 박하게 평가한다는 것이다. 왜냐하면 그들의 기준이 터무니없이 높기 때문이다.

요즘은 남자든 여자든 모두 일명 '몸짱'이 되려고 한다. 그들에게 몸짱이란 건강한 몸이라기보다 TV에 나오는 늘씬하다 못해 비쩍 마른 모델들과 최대한 비슷해지는 것이다. 그들은 사람이란 무릇 저런 몸을 지녀야 한다고 생각하며 자신을 너무 뚱뚱하거나 비정상적이라고 생각한다. 그래서 신체의 일부나 전체를 거부하고 혐오감을 갖고 바라볼 때도 있다.

바르비도 그런 여성 가운데 한 사람이다. 그녀는 쉰다섯 살이 넘었는데도 여전히 '더 마르기' 위해 다이어트를 한다. 그녀의 주치의가 골다공증과 빈혈에 대한 경고를 주었는데도 그녀는 식단을 바꿀 생각이 전혀 없어 보였다. 그보다는 뱃살이 붙는 게 더 두려웠기 때문이다. 그녀는 널빤지처럼 납작한 배를 만들기 위해 굶고 토하고 운동하며 하루하루를 보냈다. 사실 그녀의 문제는 불임, 실패한 결혼, 빈약한 인간관계에 있었지만 그녀는 마치 그 모든 것들이 몸 때문인 것처럼 20년째 다이어트에 집착했다.

'몸에 대한 존중'이 자존감의 중요한 요소가 되는 이유가 바로 이 때문이다. 많은 사람들이 자신의 몸을 정신적, 정서적 문제의 전쟁터로 활용하며 스스로를 혹사시킨다. 더 안타까운 것은 그런 노력에도 불구하고 대부분의 사람들이 자신의 몸에 전혀 만족하지 못하고 문제도 해결하지 못한다는 사실이다.

정신적인 문제나 감정적인 문제 때문에 몸을 거부하는 것은 건강만 악화시킬 뿐 아무것도 해결하지 못한다. 자신의 몸과 싸우는 방식으로 마음의 문제를 해결할 수 있을 거라는 생각을 버려라. 몸의 문제와 마음의 문제는 서로 분리해서 바라보며 각각의 특성에 맞는 해결 방안을 찾아야 한다. 자신의 몸을 인정하지 않으면 정신적인 안정감도 행복한 삶도 얻을 수 없다.

몸에 대한 존중 지수

1. 내 얼굴에 만족한다.

2. 내 키에 만족한다.

3. 내 몸매에 만족한다.

4. 나는 완벽하지는 않지만 매력이 있다고 생각한다.

 ① ② ③ ④ ⑤ ⑥ ⑦ ⑧ ⑨ ⑩

건강에 대한 자부심

영화 〈언터처블〉의 주인공 필립은 상위 1% 안에 드는 백만 장자지만 사지가 마비되어 혼자서는 아무것도 할 수 없다. 그 래서 펜팔을 하는 여인에게 호감을 느끼면서도 일방적으로 연 락을 끊으려 하고 약속을 잡고도 차라리 바람맞기를 바란다. 자신의 모습에 실망하는 상대를 보면서 상처받고 싶지 않기 때문이다.

'나는 건강한 사람이다'라는 생각은 자존감을 받쳐 주는 뿌 리와 같다. 우리는 자신의 체력만큼 용기를 내고 미래를 설계 한다.

스스로 병약하다고 생각하는 사람은 그만큼 움츠러들고 소 심해질 수밖에 없다. 뛰고 싶은데 심장이 약해 빨리 걷는 것조 차 힘들다면 달려가는 사람을 보며 상심하는 것밖에는 할 수 있는 것이 없을 것이다. 우리는 더 똑똑해지고 더 예뻐지고 더 잘 살게 되기를 바란다. 그리고 그것을 이루기 위해 스스로를 닦달하며 안간힘을 쓴다. 그러나 건강을 잃으면 그때까지 자 신을 특별하게 만들어 준다고 여겼던 그 모든 것들이 아무런 의미가 없어진다. 아름다운 몸보다 건강한 몸이 우리를 더 자 신 있게 살아가게 한다.

건강에 대한 자부심 지수

1. 나는 나이에 비해 체력이 좋은 편이다.

2. 내 몸은 회복력이 높다.

3. 얼굴에 생기가 넘친다는 말을 자주 듣는다.

 ① ② ③ ④ ⑤ ⑥ ⑦ ⑧ ⑨ ⑩

상처와 함께
살아간다는 것

  슈테판이라는 남자가 심리치료를 받으러 왔다. 그는 살아오
는 동안 어디에서도 안식을 찾지 못했다. 어디에 있든 누구와
있든, 다른 사람의 옷을 빌려 입고 있는 것 같은 불편함을 느꼈
다. 그래서 끊임없이 좋은 직장, 마음이 맞는 아내, 편안한 거주
지를 찾아 다녔다. 그 결과 2년 이상 같은 직장에 다니지 못했
고 세 번째 이혼을 했으며 1년마다 이사를 다녀야 했다. 그러
나 여전히 자신이 제자리를 찾았다는 느낌은 갖지 못했다.

상담을 시작한 후 나는 그를 괴롭히는 분명한 원인 가운데 하나를 발견했다. 일찍이 그가 어머니로부터 말 잘 듣는 착한 아들이 되도록 혹사당했다는 사실이었다. 어머니에게 그는 옷깃에 달고 다니는 브로치 같은 존재였다. 멋지고 귀여운 아이에게 쏟아지는 관심과 애정이 마치 자신을 향한 것인 듯 착각해 아이를 점점 더 사람들이 부러워할 만한 사람으로 길들였던 것이다. 처음엔 그도 다른 사람에게 칭찬받고 인정받는 일이 신기해 어머니에게 많은 존경심을 느꼈고 또 의지했다. 그러나 분가를 시작하면서 그의 혼란은 시작되었다.

그는 늘 어머니가 시키는 대로 살아왔다. 그런데 독립을 하고 모든 간섭에서 벗어나자 갑자기 길을 잃어버린 것이다. 그는 어떤 선택을 할 때마다 그것이 자기가 진짜 좋아하는 일이었는지 도무지 확신할 수 없었다. 결정을 내린 다음에는 자동적으로 어머니에게 칭찬을 받을까, 꾸중을 들을까를 고민했고 어떤 결정을 내려도 만족할 수가 없었다.

까칠한 내면의 투사

우리가 내면의 목소리에 귀를 기울이고 자신감을 찾아가는

데 걸림돌이 되는 것은 아주 오래 전에 형성된 스스로를 폄하하는 메시지들이다. 흔히 내적 투사(投射, Introjekt)로 불리는 이 메시지들은 내부 검토를 거치지 않은 채 내면으로 던져진 메시지들을 말한다.

예를 들면 슈테판처럼 어릴 적부터 착한 아이가 되어야 사랑받는다는 메시지를 들은 사람은 부모에게 인정받지 못한 행동을 할 때마다 스트레스를 받는다. 그것이 사회적으로 나쁜 행동이 아닌데도 부모의 뜻에 따르지 못했다는 사실에 죄책감을 느끼며 괴로워하는 것이다. 이런 메시지들은 저항할 힘조차 갖추지 못했을 때 강압적으로 주입되기 때문에 옳고 그름을 따지거나 자신에게 긍정적인지 부정적인지조차 생각하지 못하고 그대로 내면화하는 경우가 많다. 그래서 씹지 않고 삼킨 음식처럼 소화되지 못하고 현재의 자신과 자꾸 마찰을 일으키는 것이다.

슈테판은 어머니라는 존재가 자신을 억압하고 독립적으로 성장할 수 없게 만들었다는 사실은 깨달았지만, 쉽게 그 울타리에서 벗어나지 못했다. 그래서 우리는 그 내적 투사를 도려내는 게 아니라 유용한 동반자로 만들기로 했다. 일명 '보트 태우기' 치료법을 시작한 것이다.

부족하고 보잘것없기 때문에 상처받는 것이 아니다.
스스로를 믿지 못하기 때문에 상처받는 것이다.
자기를 신뢰하는 사람은 그 누구도 함부로 하지 못한다.

나 : "있는 그대로의 네가 아니라 내가 원하는 네가 되어야 해!"
라고 말하는 내적 투사를 형상화해 보세요. 어떤 모습이죠?

슈테판 : 마치 등이 굽은 고블린 같아요. 나를 경멸하듯이 비웃으면서 혀를 삐죽 내밀고 있어요. 그 자는 나를 끊임없이 관찰하면서 내가 옳은 일을 하는데도 양심의 가책을 느끼게 만들어요.

나 : 당신은 그 고블린을 좋아하지 않는 것 같군요.

슈테판: 네, 전혀 좋아하지 않아요. 그 자는 자기의 말에 귀를 기울이지 않으면 끔찍할 정도로 스트레스를 받아요. 내가 죄책감이 들 정도로요.

나 : 그럼 당신의 삶에서 그의 존재는 어떤 위치에 있죠? 싫지만 없으면 안 되는 존재인가요? 혹시 그가 필요했던 때는 있었나요?

슈테판 : 어머니와 함께 있을 때는 필요하기도 했어요. 어릴 때 나는 어머니가 기대하는 일만 해야 했어요. 이상적인 아들이고 싶었으니까요.

나 : 그러니까 그 투사는 어머니와 평화로운 관계가 유지되도록 도왔던 건가요?

슈테판: 네, 맞아요. 그 자는 어머니가 나한테 만족하고 있는지 아닌지를 알려 줬어요.

나 : 그때는 당신을 위해서 좋은 일을 해줬다는 거네요?

슈테판 : 어머니가 있는 데서는 그랬습니다.

나 : 그럼 그것에 대해 그에게 고마움을 느끼나요?

슈테판 : 고마움이라고요? 그게 무슨 말입니까? 그 자는 언제나 나를 깔아뭉개고 있어요.

나 : 네, 알아요. 그 투사는 자신이 더 이상 필요하지 않다는 것을 이해하지 못하고 여전히 당신으로 하여금 어머니 눈치를 보게 만들죠. 그러나 당신이 어린아이였을 때는 도움을 주었잖아요. 어머니와 평화로운 관계가 유지되도록 보살펴 준 거나 다름없으니까요. 그렇지 않나요?

슈테판: 그건 그래요.

나 : 그렇다면 미워하지만 말고 그때 고마웠다고 말하는 게 좋지 않을까요? 그리고 이제 그 일을 그만둬도 된다고 말이에요.

슈테판 : 해볼게요.

나 : 투사가 사라졌나요?

슈테판 : 아뇨, 웃고 있는데… 고블린이 아니라 그냥 어린아이에요. 그런데 왠지 다른 일을 맡겨도 괜찮을 것 같다는 생각이 들어요. 이 아이는 눈치도 빠르고 다른 사람이 무엇을 좋아하는지 알고 있으니까 앞으로 다른 일을 할 때 좋은 힌트를 줄 수도 있을 것 같아요.

피할 수 없다면 함께 살아가는 법을 배워라

때로는 상처를 마음에서 깨끗이 씻어내는 게 불가능할 때도 있다. 그럴 때 우리는 상처와 더불어 살아가는 법을 배워야 한다. 과거의 상처가 더 이상 부끄러운 기억이 되지 않도록 만들어 주어야 하는 것이다. 슈테판에게 '고블린'은 어린 시절 어머니와의 관계를 평화롭게 유지해 주던 도움이 되는 존재였다. 그러나 성인이 된 후에는 있는 그대로의 모습으로 살지 못하게 방해하고 계속 남의 눈치만 보게 만드는 부끄러운 존재일 뿐이다. 이 고블린을 마음속에서 몰아낼 수 없다면 현실에 알맞은 다른 역할을 할 수 있도록 바꿔 주어야 한다. 보트 태우기는 바로 그런 역할 변화를 도와주는 심리 대화다. 결국 고블린도 나의 일부라는 사실을 일깨워 주고 함께 공존할 수 있는 방법을 찾아내는 것이다. 우리 안에 들어 있는 대부분의 부정적인 것들은 언제나 긍정적인 측면도 가지고 있게 마련이니까 말이다.

Chapter 4

'삶이란
좋은 것이다' 라고
믿는 것만으로도
좋아진다

꽃은 '사랑해' 라고 말해 주면
더 화사하게 피어난다. 삶도 그렇다.
'삶이란 좋은 것이다' 라고
믿는 것만으로도 좋아진다.

오늘,
지금 이 순간이
전부라고 생각하라

현재에 산다는 것은 절망하지 않는 것이다.
과거를 탐내지 않고 미래를 기대하지 않기 때문이다.
그래서 마음은 말한다. '나에게는 오늘로 충분하다.'
_지두 크리슈나무르티, 『삶과 죽음에 대하여』

몇 명의 젊은이들이 어느 나이 많은 선사(禪師)를 찾아와 물었다.

"어르신, 행복해지기 위해서 무엇을 하십니까?"

그 선사는 미소를 지으며 이렇게 대답했다.

"나는 누울 때는 눕고, 일어날 때는 일어나네. 걸어갈 때는 걸어가고, 먹을 때는 먹는다네."

"그런 것들은 저희도 합니다. 어르신처럼 잠도 자고 먹고 걸어 다닙니다. 하지만 저희는 행복하지 않습니다. 그러니 비밀을 들려주십시오."

"분명 자네들도 눕고 걸어 다니고 먹겠지. 하지만 자네들은 누워 있는 동안에 벌써 일어날 생각을 하네. 일어나는 순간에는 또 벌써 어디로 갈지를 생각하지. 그리고 걸어가는 동안에는 어디쯤 왔나, 남들보다 빨리 가고 있나 하고 두리번거리네. 이렇게 자네들의 생각은 지금 있는 이곳이 아니라 언제나 다른 곳에 가 있지. 그게 나와 다른 점이라네."

어제 걱정은 잊고 지금 이 순간에 집중하라

게슈탈트 심리치료에서는 마음이 아픈 사람들을 상처 '받았던' 사람이라 아니라 상처를 '가진' 사람이라고 말한다. 상처받은 마음이 완전히 치유되기 전에는 끊임없이 같은 자리에서 고통이 계속되기 때문이다. 그들은 여유로운 미래를 위해 현재를 즐기지 못하는 사람들과 마찬가지로, 과거에 상처받은 일들에 사로잡혀 지금 이 순간을 제대로 보지 못한다. 내일 시험 결과가 어떻게 나올지 걱정하느라 오늘 제대로 놀지 못하고 다른 사람들에게 언제 따라잡힐지 모른다는 불안 때문에 성과를 마음껏 누리지 못한다. 그러나 현재를 희생한다고 해서 반드시 안락한 미래가 보장되는 것은 아니다. 또한 과거에 상처를 받았다고 해서 오늘 그리고 내일까지 우울해할 이유는 없다.

어릴 때 나는 부모님과 '특징 찾기 놀이'를 하곤 했다. 거실 창을 통해 집 안 가득 햇살이 들어차면 가구의 색깔은 어떻게 변하는지, 봄이 되면 앞마당에 가장 먼저 피는 꽃은 무엇인지, 하늘은 어떤 색이었는지, 그날 어떤 기분이었는지, 즐거운지, 화가 났는지 등등, 그 순간 그곳에 존재하는 모든 것들과 나의 감정에 집중하면서 그 순간을 생생하게 느꼈다. 그런데 기분이 상하거나 화가 났을 때는 아무것도 보이지 않고 어떤 호기심도 생기지 않았다. 햇살도, 나무도, 바람도 매일 똑같은 특별할 것 없는 자연일 뿐이었고 내 기분과 달리 방긋거리며 웃고 있는 사람들을 볼 때면 미운 생각만 들었다. 그러나 부모님과 나쁜 기분에 대해 이야기하고 그 마음을 이해받으면 다시 세상이 눈에 들어오면서 다시 주변 사람들의 품으로 돌아갈 수 있었다.

상처가 일으키는 나쁜 감정은 '지금 이 순간'과 우리를 떼어놓는다. 현재의 아름다움을 보지 못하게 하고 다른 사람들의 감정에 공감하지 못하게 만든다. 그리고 오직 마음을 상하게 했던 일들에만 모든 신경을 집중시킨다. 만약 그 감정이 해결되지 않는다면 우리는 계속 나쁜 감정에 붙들려 고립된 채 살 수밖에 없다.

만약 당신이 알프스 융프라우로 휴가를 떠났다고 하자. 그림 같은 트래킹 코스를 오르는 내내 휴가를 떠나기 직전 실수했던 일을 떠올리며 자기 회의에 빠진다면 융프라우는 순식간에 답답한 사무실과 다름없어 질 것이다. 길을 따라 알록달록 피어난 야생화와 짙은 초록 나무 사이로 비치는 햇살, 은빛으로 빛나는 만년설, 빨간 기차, 기대에 찬 표정으로 산을 오르는 사람들은 보이지 않고 오직 과거의 어느 날만 한없이 반복될 것이다. 이때 휴가를 망친 것은 과거의 실수가 아니다. 지금 이 순간에 집중하지 않고 과거에 사로잡힌 '현재의 나'다.

사고 현장의 목격자들의 진술을 보면 과연 그들이 같은 장소에 있었던 게 맞나 싶을 정도로 제각각일 때가 있다. 심지어 몇 시간 전까지 함께 있었던 사람의 피부색이나 머리 모양, 생김새를 전혀 다르게 기억하는 경우도 있다. 당시 머릿속에 있던 관심사와 상대에게 느꼈던 감정이 각각 다른 인상을 만들어 내기 때문이다.

216

과거의 상처에 얽매여 있는 사람들에게는 이런 왜곡이 훨씬 심각하게 일어난다. 그들은 현재를 과거에 덧입혀 보기 때문에 자신이 인생을 점점 더 망치고 있다는 사실을 알아차리지 못하고 긍정적인 변화가 일어나도 눈치 채지 못한다. 그들에게 오늘은 어제와 다름없는 또 다른 하루일 뿐인 것이다. 이럴 때 쓸 수 있는 방법이 바로 관찰자 되기다. 그러면 우리는 스스로를 깎아내리고 더 잘했어야 한다고 몰아세우는 대신 자기 자신에게 연민을 느끼고 좀 더 균형 잡힌 상태로 돌아갈 수 있게 된다.

오늘 우리는 엄청나게 다양한 선택을 할 수 있다. 어제 남자 친구와 헤어진 슬픔을 방에 처박혀 홀로 삭일 수도 있고, 친구들과 함께 보내며 위로받을 수도 있으며, 마치 아무 일도 없었던 것처럼 묻어 버리고 살아갈 수도 있다. 중요한 것은 마음을 상하게 했던 일로부터 벗어나 새로운 오늘을 살려고 노력해야 한다는 사실이다.

지금 이 순간은 과거와 미래를 연결시켜 주는 통로와 같다. 지금 이 순간을 어제처럼 살면 과거의 상처가 나의 미래까지 갉아먹는 것을 막을 수 없다.

우리는 오직 오늘 하루만 다르게 살 수 있다

자기계발 전문가들은 나쁜 습관을 바로잡을 때 의뢰인의 일상을 비디오에 담아 보여 준다. 오래된 습관은 마치 신발을 신기 위해 몸을 숙이는 것처럼 자연스럽게 몸에 배 말로는 뭐가 어떻게 나쁜지 설명하기 힘들기 때문이다. 어떤 사람들은 전문가들이 관찰한 내용을 설명해 주면 자기는 그런 행동을 하지 않는다고 화를 내기도 한다. 말을 더듬는다든지, 남의 눈치를 살핀다든지, 손톱을 물어뜯는다든지, 남에게 별로 보여 주고 싶지 않은 버릇들을 지적당했을 때 특히 그렇다. 이럴 때는 스스로가 관찰자가 되어 자신의 눈으로 습관적인 행동들을 확인해야 비로소 무엇을 고쳐야 하는지 깨달을 수 있다.

상처에서 벗어나는 방법도 이와 다르지 않다. 블랙홀처럼 모든 것을 빨아들이는 과거에서 벗어나기 위해서는 상처를 주는 일로부터 나를 떼어내 마음이 상했던 사건을 중립적으로 바라볼 필요가 있다. 그러면 분노 때문에 잘못된 결론을 내리거나 부정적인 생각들에 갇히는 오류에서 벗어날 수 있다. 그리고 '오늘'은 '어제와 다른 날'이라는 당연한 사실도 깨달을 수 있다. 내가 어떤 관점으로 살아가느냐에 따라 얼마든지 다른 오늘을 만들 수 있다는 사실 말이다.

알코올 중독에 빠졌던 내담자들에게 내가 해 준 한 가지 조언은 '오늘 하루만 생각해요'였다. 앞으로 살아갈 많은 날들을 술이라는 진통제 없이 보낸다는 것은 그들에게 엄청난 부담이다. 그래서 그들은 중독에서 벗어나고 싶어 하면서도 불가능한 과제를 수행할 능력이 없다고 생각해 자꾸 살던 대로 살아간다. 하지만 '오늘 하루'는 통제할 수 있다고 느낀다. 평생에 비하면 한번 시험 삼아 도전해 볼 만한 시간인 것이다. 그렇게 그 다음날도 그 다음날도 '오늘 하루'만 생각하며 살면 중독에서 빠져나올 수 있다.

오늘 하루에 집중하는 것을 방해하는 가장 나쁜 태도는 '내일부터'라고 생각하는 것이다. 앞서 말한 것이 '오늘 하루만 삶을 긍정적인 것들로 채워 보겠다'라는 다짐이라면 내일부터는 '오늘까지만 날 방치하겠다'라고 생각하는 것과 같다.

많은 사람들이 한 번쯤은 경험해 봤겠지만, 내일부터 시작되는 계획이 제대로 실행되는 경우는 거의 없다. 왜냐하면 우리는 미래가 아니라 오직 현재만 결정할 수 있고 모든 변화는 오직 '지금 여기'에서 일어나기 때문이다. 그러므로 자신에 대한 회의가 부정적으로 흘러가는 것을 막고 자존감을 강화시키고 싶다면 바로 오늘 새로운 삶을 시작해야 한다.

과거 찾기는 이제 그만, 지금 행복하라

영화 〈어바웃 타임〉의 주인공 팀은 집안 대대로 내려오는 시간을 여행할 수 있는 능력을 물려받는다. 그는 그 능력을 이용해 연극무대를 망친 친구를 도와주고 놓칠 뻔 했던 사랑을 다시 붙잡지만, 자유자재로 시간을 조종해 미래를 바꿀 수 있다 해도 지금의 행복을 포기하지 않으면서 암에 걸린 아버지를 되살리거나 망가진 여동생의 인생을 바꿀 수는 없다는 것을 깨닫는다. 슬퍼하는 팀에게 아버지는 시간을 여행하는 능력으로 행복한 삶을 살 수 있는 비밀을 들려준다. 그 비밀은 로또 당첨 번호나 주가 정보를 미리 알아내 운명을 바꾸는 것이 아니라, 평범하게 하루를 살고 똑같은 하루를 한 번 더 살아보는 것이었다.

일에 쫓기고 시간에 쫓기며 걱정과 긴장 속에서 고된 하루를 보낸 어느 날, 팀은 아버지의 말대로 똑같은 하루를 다시 살아 본다. 그러자 폭격기처럼 잔소리를 퍼붓는 직장상사 때문에 잔뜩 풀이 죽은 동료를 위로할 여유가 생겼고, 매일 정신없이 돌아다니기 바빴던 법원이 실은 역사 깊고 아름다운 건축물이었다는 것을 알아볼 수 있었다.

또 무표정하게 거스름돈을 받는 자신을 향해 미소 짓고 있

어제 저지른 실수, 어제 받은 상처에서 벗어나라.
지금 이 순간은 과거와 미래를 연결해 주는 통로와 같다.
어제 일어난 일을 걱정하느라 이 순간을 흘려보내면
과거의 상처가 미래를 갉아먹는 것을 막을 수 없다.

는 카페 종업원에게 고맙다고 인사를 할 수도 있었다.

지금 이 순간을 어떤 마음으로 사느냐에 따라 인생은 고달픈 하루가 되기도 하고 꽤 괜찮은 하루가 되기도 한다. 우리는 오직 지금 이 순간의 삶에만 영향을 미칠 수 있는 사람들이다. 그렇기 때문에 현재는 인생을 어떻게 보낼지 결정을 내릴 수 있는 유일한 시간이라는 사실을 기억하길 바란다.

당신에게 가장 중요한 때는 현재이며,
당신에게 가장 중요한 일은 지금 하고 있는 일이며,
당신에게 가장 중요한 사람은 지금 만나고 있는 사람이다.
_레프 톨스토이

자기 회의에
의연하게
대처하는 법

인간은 항상 의심을 하면서도
자신의 길을 걸어가는 존재들이다.
_파울로 코엘료, 「브리다」

자신의 가치를 믿지 못해 상처를 받는 사람들에게 가장 시급한 일은 '나'라는 자아에 대한 제대로 된 이해다.

자아를 구성하고 있는 한 가지 관점은 '자기 개념'이다. 이것은 자신의 경험과 생각을 바탕으로 '나는 이런 사람이다'라고 스스로를 평가하는 것과 같다. 이를 테면 거짓말을 하면 소화도 제대로 안 되고 밤잠을 설칠 정도로 마음이 불편하다고 느끼는 사람은 자신을 꽤 정직한 사람이라고 인식할 것이다.

또 어릴 때부터 '예쁘게 생겼네'라는 칭찬을 들었던 사람이라면 자신이 예쁘고 또 예쁜 상태를 유지해야 한다고 생각할 수 있다.

이런 식으로 살아오는 동안 경험한 가치관, 삶을 대하는 태도, 행동 양식 등을 수집해 내린 결론이 바로 자기 개념이다. 자의식, 자기 회의, 자기 효능감, 주체성 같은 정서적 요소들이 자기 개념을 바탕으로 발생하며, 자신을 둘러싼 환경에 따라 긍정적인 쪽이나 부정적인 쪽으로 바뀌기도 한다.

또 하나의 관점은 자존감이다. 자존감은 누가 뭐라고 하든 자신은 사랑받아 마땅한 존재라고 믿는 마음이다. 자신을 존중하는 정도가 높을수록 스스로에 대한 확신은 커지고 회의는 적어진다. 또한 스스로를 이해하고 받아들이는 정도가 커질수록 있는 그대로의 자신을 사랑하는 마음도 커진다. 그래서 자존감이 높은 사람은 정서적으로 안정되어 있고 삶에 대한 만족도가 높으며 우울증에 걸릴 위험도 훨씬 적다.

자기 개념과 자존감은 분리된 것이 아니라 서로 영향을 끼치며 우리의 생각과 행동을 결정한다. 그러나 거꾸로 우리의 생각과 행동이 자존감과 자기 개념에 영향을 끼치기도 한다. 즉,

생각을 긍정적으로 바꾸고 용기 있게 행동함으로써 자기 개념
과 자존감 또한 긍정적으로 변화시킬 수 있는 것이다.

　그러므로 우리는 스스로를 의심하는 상황이 발생할 때 자신
을 잃어버리지 않고 의연하게 대처하는 법을 배워야 한다. 우
리의 인생은 과거에 일어난 일에 의해 결정된 자기 개념과 자
존감에 의해 평생 변하지 않는 것이 아니라, 현재 우리가 내리
는 선택과 '오늘'을 대하는 삶의 태도에 의해 매순간 달라지
기 때문이다.

자존감에 힘을 실어 주는 4가지 방법

▶1단계 : 자기 회의를 자기 신뢰로 전환하기

　자기 회의는 자신의 가치를 제대로 평가할 수 없게 만들어
삶의 기쁨을 느끼는 데 방해가 되지만, 방해물이라고 치부하
고 버리기엔 우리의 성장을 위해 꼭 필요한 긍정적인 쓰임을
갖고 있기도 하다. 자기 회의란 다시 말하면 자기 반성이라는
의미에서 스스로를 객관적으로 바라보고 비판할 수 있는 능력
을 갖고 있다는 신호이기 때문이다. 자기 자신에게 부족한 부

분을 인지하고 이를 인정할 준비가 됐다면 그때부터 건실적인 변화가 시작될 수 있다. 시간을 잘 지키지 않는 일이나, 변덕스러움, 우월감, 열등감 등 그 밖의 많은 것들을 자기 반성을 통해 확인하고 고쳐나갈 수 있는 것이다.

사람들은 자신의 모자람을 인정하는 것이 스스로를 파괴하고 폄하하는 계기가 될 수 있다고 생각하기 때문에 자신의 일부로 인정하기보다는 타인의 잘못으로 투사하려는 경향을 보일 때가 많다. 자신이 다른 사람을 믿지 못하는 것을 사람들이 경계심이 많고 까다롭기 때문이라고 생각하는 식이다. 즉, 자신의 욕구를 충족시키지 못하는 원인을 외부로 돌림으로써 자신의 부정적인 면과 맞닥뜨리지 않고 다른 사람을 탓한다. 그럼으로써 스스로 매력이 없다고 생각하는 부분, 자존감을 위협하는 특성들을 거부하는 것이다. 그러나 그럼에도 불구하고 우리는 자신의 부정적인 면과 늘 다시 만난다. 인정하고 싶지 않겠지만, 부정적인 면도 나의 일부이기 때문이다.

자기 회의는 우리가 위장된 우월감으로 슬쩍 넘기려고 하는 부정적인 면들과 부족한 부분들을 곰곰이 생각하게 한다. 그리고 그렇게 함으로써 우리가 정말 못마땅하게 생각하는 것들과 우리가 진심으로 원하는 것들이 무엇인지 찾아 준다. 예를 들어, 다른 사람을 보며 "저 사람은 경계심이 너무 심해"라고 생각한다면 자기 회의는 자동적으로 '그럼 나는 어떻지?'라는 생각을 하게 한다. 그러면 그때 내 안에 있는 거부당할지 모른다는 두려움과 타인에 대한 의심이 발견되면서, 나아가 그 사람과 가까워지고 싶다는 진심까지 드러나는 것이다.

자기 회의가 지닌 또 다른 긍정적인 부분은 지금까지 일어난 일에 대해 의문을 던져 본다는 데 있다. "나는 스스로 만족하는 일을 하고 있는 것일까? 아니면 그냥 단순하게 돈을 벌기 위해 일을 하는 것일까?", "나는 일터에서 안정감을 느끼고 있을까, 아니면 스트레스만 받고 있을까?", "나는 충분히 휴식을 취하며 삶의 재미를 만끽하고 나한테 좋은 일, 나한테 재미있는 일을 하고 있을까? 아니면 주말에도 일에 파묻혀 우울해하고 있을까?" 이런 식의 의문은 우리로 하여금 많이 가 보았던 익숙한 옛 길에서 벗어나 새로운 길을 갈 수 있도록, 그리고 예상하지 못했던 결정을 내리도록 이끌어 준다.

▶2단계 : 자신이 지닌 긍정적인 자원을 끌어모아라

자신이 지닌 '자원'이란, 만족스러운 삶을 만들고 문제를 해결하거나 어려움에 대응하기 위해 필요한 모든 것을 창출해낼 수 있는 힘의 원천이라고 정의할 수 있다. 이런 자원은 대개 자신의 내면에 들어 있다. 스스로를 가치 있다고 느끼고, 자신의 능력을 인정하고 긍정적으로 가능성을 생각하는 일이 바로 내면의 자원인 것이다.

긍정적으로 삶을 모색하는 태도는 실제로 그 사람을 강인하게 만든다. 늘 우울한 기분에 둘러싸여 할 수 없다고 생각하는 사람만큼 상처받기 쉬운 사람은 없다. 또 용기, 신뢰, 솔직함, 건강함과 같은 좋은 감정과 주변의 따뜻한 분위기도 자원이 된다. 물론 모든 사람들에게 똑같은 자원이 주어지는 것은 아니다. 그러므로 자기 힘의 원천이 무엇인지 아는 일은 매우 중요하다. 그래야 필요할 때 언제든 불러내 쓸 수 있기 때문이다.

다음과 같은 질문을 통해 자신이 지니고 있는 자원을 추적해 보라.

- 무엇이 당신을 기쁘게 하는가?
- 당신이 잘할 수 있다고 생각하는 일은 무엇인가?
- 당신의 긴장을 풀어 주는 것은 무엇인가?
- 우울할 때 힘을 주는 것은 무엇인가?
- 살아오는 동안 주로 어떤 것들이 당신에게 감동을 주고 영감

을 주었는가?

- 다른 사람들의 어떤 태도가 당신에게 도움이 되었는가?
- 도움받기 위해 당신은 어떤 식으로 행동했는가?
- 크든 작든 상처를 극복해 본 적이 있는가?

부정적인 생각들은 종종 우리의 가치를 폄하하고 비판하고, 위축시키면서 우리를 지배한다. 이런 생각이 점점 격렬해지는 것을 멈추기 위해서는 먼저 당신의 가치를 폄하하는 생각들이 얼마나 비합리적인지를 인지해야 한다. 나쁜 생각을 멈추고 반대 입장에서 나를 옹호해 보는 것이다.

나는 내담자들에게 큰 소리로 "멈춰!"라고 말하고 가슴에 손을 올려 보라고 한다. 그리고 이렇게 말하는 것이다. "나는 내가 할 수 있는 한 모든 것을 다 했다"라고. "그럼에도 불구하고 여전히 나를 좋아하는 사람들이 있다"라든가 "지금의 내가 좋다"라는 말도 좋다. 자신에 대한 부정적인 입장을 긍정적으로 돌리는 스위치가 될 수 있는 말을 준비하라. 그러면 나중에는 가슴에 손을 올리는 것만으로도 꼬리에 꼬리를 물고 이어지는 부정적인 생각들을 잠재울 수 있을 것이다.

▶3단계 : 행복을 기록하라

기쁨에 대해 기록하는 일기와 비슷하게 지난 하루의 행복했던 순간들을 기록하라. 행복은 나와 어떻게 만나게 되었는가? 누군가의 미소, 사랑 고백, 좋아하는 일을 하는 기쁨, 따뜻한 포옹이 행복을 만들었나? 아니면 물에 비치는 자연의 아름다움, 평화로운 일상에 행복이 숨어 있었던가? 일부러 생각하지 않으면 순식간에 사라져 버리는 이런 행복들을 만나라. 다시한 번 그 순간을 느끼고 좋은 감정을 몸속에 간직하라. 깊은 심호흡을 통해 자신의 장기 하나하나의 생명력을 느끼는 일, 근육을 풀어 주는 운동, 마음이 편안해지는 공간에서 머무는 것, 고통이든 기쁨이든 진실한 감정을 느끼는 것처럼 자신의 몸과 마음에 귀를 기울이는 것만으로 에너지를 충전할 수 있다.

▶4단계 : 나에게 건네는 따뜻한 말 한마디

무의식적인 자존감은 순간적인 반응이며, 그때 당시의 기분, 환경에 영향을 받기 때문에 의식적인 자존감보다 훨씬 조절하기가 어렵다. 그렇기 때문에 더 연습이 필요하다. 운동신경이 있는 사람이 날아오는 공을 피하기가 쉬운 것처럼 평상시에 긍정적인 생각을 많이 하는 사람이 순간적으로 마음이 상하는 일에 더 잘 견딜 수 있다.

예를 들어, 매일 아침 거울을 보며 유행에 맞는 옷이 하나도 없다고 생각하는 사람은 누군가 옷에 대한 이야기를 하면 바로 위축되고 만다. 그게 자신을 폄하하는 말인지 단순한 관심인지 따져 보지도 않고 무의식적으로 그렇게 된다. 그러나 옷장을 열 때마다 '내 옷들은 내가 얼마나 특별한 사람인지 보여주는 개성적인 것들이야'라고 생각하는 사람은 대놓고 이상하다고 말해도 '사람마다 보는 눈은 다르니까' 하고 전혀 개의치 않는다. 이렇게 자기 스스로를 긍정적으로 평가하는 습관을 가져 보자. "나의 헤어스타일은 부스스한 게 아니라 자유분방해 보인다.", "나의 아파트는 작아서 더 편안하다", "내 성격은 예민한 게 아니라 꼼꼼하다", "나는 나름의 매력을 지니고 있다.", "내 몸은 아직 건강하다." 아무 영향도 끼치지 않을 것 같은 이런 사소한 자기 긍정이 우리의 정체성을 확고하게 만들어 줄 것이다.

또는 자신을 즐겁게 만드는 것들을 곁에 두는 것도 좋다. 좋아하는 색상의 물건들로 방을 꾸미고 좋아하는 향을 피우고 행복했던 시절의 사진을 걸어 놓는 것이다. 그러면 그것들을 볼 때마다 긍정적인 신경 세포가 온몸을 자극할 것이다.

그리고 뭔가 새로운 일을 해 보라

만약 당신이 어디서든 당당하고 자의식이 강한 사람이라고 하자. 어떻게 행동할 것 같은가. 아마도 당신은 지금까지 감히 말할 생각도 하지 못했던 '옳은' 발언을 할 것이다. 그 발언이 누군가의 기분을 나쁘게 할지라도 자신의 의견을 감추지 않고 스스로 해야 한다고 믿는 일을 할 것이다. 또 눈치 보지 않고 자신의 일정에 맞춰 휴가 계획을 세우고 사람들과 만나는 일을 두려워하지 않으며 더 많은 것들을 적극적으로 즐기며 살 것이다. 생각만 해도 기분이 좋아지지 않는가.

이중에서 단 몇 가지라도 현실로 만들 수 있는 방법이 있다. 지금까지 결코 해 본 적 없는 일을 해 보는 것이다. 너무 큰 용기가 필요하거나 거창하게 준비해야 하는 일을 선택하지는 말길 바란다. 사소하고 일상적인 것부터 하나씩 늘려 나가는 것이 훨씬 성공률이 높다. 중요한 건 그 일을 시작하는 게 아니라 꾸준히 유지하는 것이니까.

예를 들어, 나는 늦게 잠들고 늦게 일어나는 편이다. 출근 시간이 한참 지난 후에 집을 나설 때면 때로 내가 너무 무기력하게 하루를 보내고 있지 않은가 하는 회의가 들 때도 있다. 하지만 당장 수면 시간을 바꾸는 건 쉽지 않았다. 그래서 나는 기분을 전환할 수 있는 낯선 시도를 해 보기로 했다. 출장이든 휴가든 다른 도시로 떠날 때면 새벽 비행기를 타기로 작정한 것이다. 나는 이날만큼은 미적대지 않고 일찍 일어나 찬물로 샤워를 하고 집을 나섰다. 그러자 내가 꽤 부지런한 사람이라는 느낌이 들었다. 당신도 알다시피 자신의 가치를 높이는 일은 생각보다 대단치 않은 일로도 가능하다.

'삶이란
좋은 것이다'라고
믿는 것만으로도
좋아진다

나는 바다로 가는 나의 길을 찾으려 애써 왔다.
그러는 동안 내게 분명해진 사실은 목적지는 그리 중요하지 않다는 것이다.
정말 중요한 것은 거기로 간다는 사실이다.

_롤란트 퀴블러

"나는 깨달았어요. 나를 좋게 바꾸려고 애쓰지 않아도 내가
원하는 것들을 충분히 해낼 수 있다는 사실을요."

이 말은 내담자였던 셰릴이 심리 치료를 끝낼 무렵에 한 말
이다. 그녀는 자유를 되찾았다. 다른 사람들이 그 사람에게 어
떻게 되어야 한다고 강요하는 모습으로 머물지 않아도 되는
자유 말이다. 그것은 우리를 당당하게 만든다. 무엇이든 자신
이 원하는 대로 주체적으로 결정해도 '괜찮다'라는 사실을 일

234

깨워 주기 때문이다. 뜻대로 결정한다는 것은 내가 무엇이 필요하고 무엇을 원하는지, 무엇을 거부하고 어떤 목적을 달성하고 싶으며, 어떤 가치를 옹호하는지를 진심으로 느끼고 있다는 뜻이다. 일단 그것을 알고 나면 온갖 방해에도 불구하고 자신의 삶을 이끌어 나갈 용기를 지니게 된다.

말 잘 듣는 착한 딸에서 벗어나라

셰릴은 언제나 전투 명령을 기다리며 차렷 자세로 대기하는 군인처럼 잔뜩 긴장한 채 살아왔다. 그녀의 아버지는 예측할 수 없는 사람이었고, 권위적이며 조금만 마음에 들지 않아도 불같이 화를 내곤 하는 사람이었다. 그렇기 때문에 그녀는 매일 저녁 아버지가 어떤 기분으로 귀가하는지를 예민하게 살폈다. 기분이 좋은 날에는 웃고 떠들며 저녁을 먹을 수 있었지만, 뭔가 그의 마음에 들지 않은 일이 생긴 날에는 거친 말을 쏟아부으며 그녀와 어머니를 집에서 쫓아냈다.

그녀는 어머니로부터 위로받고 싶었지만 어머니는 너무 나약해서 아무런 도움을 줄 수 없었다. 오히려 셰릴이 어머니를 진정시키고 용기를 주어야만 했다. 그녀는 하루 종일 아버지의 기분을 살피고 어머니를 위로하는 데 자신의 에너지를 썼다. 어떻게 보면 자신의 욕구보다 아버지 어머니의 욕구에 대해 더 잘 알고 있다고 말할 수 있을 정도였다. 그녀는 자신의 생각과 꿈을 부정했고, 오직 피해를 최소화하고 생존하는 것에 삶의 목표를 두었다. 결국 그녀의 감정과 욕구는 해소되지 못하고 좀비처럼 마음을 떠돌 수밖에 없었다.

셰릴처럼 부모로부터 '넌 내 방식대로 살아야 해' '넌 날 돌봐야 해'라는 메시지를 듣고 자란 사람은 자신의 당당함을 발전시켜 나갈 수 없다. 당당함이란 자신이 지니고 있는 여러 가지 특성, 기질, 소망 등과 긴밀하게 접촉하면서 실현 가능성이 있는지를 곰곰이 생각해 보는 데서 생겨나기 때문이다. 그러나 셰릴은 다른 사람의 욕구를 들어주느라 자신이 무엇을 원하는지 생각할 여유가 전혀 없었다.

외부로부터 받은 압박은 시간이 지나면 내면적인 압박으로 변한다. 다른 사람이 나에게 주었던 부담과 압박은 그 사람이 떠난 후에도 오래된 습관처럼 마음에 남아 스스로를 통제하는 것이다. 그러나 이때까지 나를 마음대로 조종하려고 했던 메시지들이 나의 욕구가 아니라는 사실을 인식하기만 한다면 우리 내면은 최면에서 벗어나 뭔가 바꿔야 한다는 마음을 먹기

행복을 찾아 떠나는 데 이유 같은 건 필요 없다.
어떤 순간에도 가장 중요한 것은
'나' 와 '나의 삶' 이다.

시작한다. 그러니까 그때를 놓치지 말고 움직여야 한다. 지금까지와는 다른 방식으로 살아갈 수 있도록 삶의 목표를 다시 세우고 혼자 힘으로 안 된다면 도움을 청하기도 해야 한다.

'삶이란 좋은 것'이라고 믿는 것만으로도 변화한다

더 나은 삶에 대한 바람은 우리 자신을 바꾸기 위한 강력한 동기가 된다. 중요한 것은 삶의 의지를 일깨우는 것이다. 누군가 곁에 없으면 외로워하고, 자기보다 강한 사람에게 기대 그의 방식에 순응하며 온실 속 식물처럼 사는 상태에서 벗어나, 자율적인 삶 속으로 들어가, 사람들과 관계를 맺고 싶은 충동을 느끼는 삶 말이다. 물론 쉬운 일은 아니다. 이미 내면화된 수많은 규칙과 방해물들에 맞서야 하기 때문이다. 그럼에도 불구하고 멈추지 않아야 한다. 명령을 거부하고 어른임을 선포하라. 바로 지금 말이다.

그 어떤 순간에도 가장 중요한 것은 '나'와 '나의 삶'이다. 우리는 스스로 간절히 바라는 인생을 설계하고 자신에게 귀를 기울이며 당당하게 살아갈 수 있는 길을 찾아야 한다. 그 길이 아득히 멀다 하더라도 결국 그 길은 행복하고 자유로운 곳으로 우리를 인도할 것이다.

　다른 사람들이 원하는 대로가 아니라 자신의 모습 그대로 살 수 있는 곳 말이다.

Asper, Kathrin, Verlassenheit und Selbstentfremdung. Neue
Zugänge zum therapeutischen Verständnis. Olten 1997

Beuhausen, Jürgen: Ressourcenorientierte stabilisierende
Interventionen. 2010. DGSF www.dgsf.org

Blankertz, Stefan / Doubrawa, Erhard: Lexikon der
Gestalttheraphie. Wuppertal 2005

Branden, Nathaniel: Die 6 Säulen des Selbstwertgefühls.
Erfolgreich und zufrieden durch ein starkes Selbst. München
2003

Bucay, Goerge: Komm ich erzähl dir eine Geschichte. Frankfurt
2013

Frankl, Viktor E.: Logotheraphie und Existenzanalyse. Text aus
sechs Jahrzehnten., Weinheim 2010

Goschke, Thomas: Emotion, Volition, Kausalattribution und

Leistungsmotivation. Vorlesung im WS 2011/ 12 TU Dresden

Grawe, Klaus: Neropsychotheraphie. Göttingen 2004

Hartmann, Hans-Peter: Narzisstische Persönlichkeitsstörungne –
Ein Überblick. In: Kernberg, Otto F. / Hartmann, Hans-Peter:
Narzissmus, Grundlagen – Störungsbilder – Theraphie. Stuttgart
2006

Kross, Ethan: Selbstdistanz. In: Psychologie heute compact: Gut
durchs Leben kommen. H.35 Weinheim 2013

Lehrhaupt, Linda, Meibert, Petra, Krudup Karin: Stress bewältigen
mit Achtsamkeit. Zu innerer Ruhe kommen durch MBSR.
München 2013

Lohaus, Arnold / Vierhaus, Mare / Maass, Asja:
Entwicklungspsychologie des Kindes- und Jugendalters für
Bachelor. Heidelberg 2010.

Potreck-Rose, Friederike: Von der Freude, den Selbstwert zu
stärken: Hilfe aus eigener Kraft. Stuttgart 2006

Reddemann, Luise: Positive Psychologie. Grundlagen, aktuelle
Erkenntnisse, Anwendung bei Störungen. Auditorium Netzwerk
2009

Schröder-Abé, Michela: Discrepancies Between Implicit and
Explicit Self-Esteem., Dissertation, Technische Unversität
Chemnitz 1979

Schröder-Abé, Michela: Selbstkonzept und Selbstwertschätzung.
In: Persönlichkeitsstörungen: Selbstkonzept und
Selbstwertgefühl. (H. 11. Stuttgart 2007

Schütz, Astrid / Sellin, Ina: Die Multidimensionale Selbstwertskala
(MSWS). Göttingen 2006

Schütz, Astrid / Sellin, Ina: Klinische Untersuchungsverfahren. In:
Zeitschrift für Klinische Psychologie und Psycholtherapie, 26(3),
226-227 Göttingen 2007

Tiggemann, M. /Slater, A.: NetGirls: The Internet, Facebook
and Body Image Concern in Adolescent Girs. In: International
Journal of Eating Disorders, 46(6), S.630-633. 2013

Wardetzki, Bärbel: Weiblicher Narzissmus. Der Hunger nach
Anerkennung. München 1991, 2005

Wardetzki, Bärbel: Ohrfeige für die Seele. Wie wir mit Kränkung
und Zurückweisung besser umgehen können. München 2000

Wardetzki, Bärbel: Mich kränkt so schnell keiner! Wie wir lernen, nicht alles persönlich zu nehmen. München 2001

Wardetzki, Bärbel: Nimm 's bitte nicht persönlich. Der gelassene
Umgang mit Kränkungen. München 2010

Wardetzki, Bärbel: Eitle Liebe. Wie narzisstische Beziehungen
scheitern oder gelingen können. München 2010

Wirth, hans-Jürgen: Pathologischer Narzissmus und
Machtmissbrauch in der Politik. In: Kernberg, Otto F.
/ Hartmann, Hans-Peter: Narzissmus. Grundlagen-
Störungsbilder-Theraphie. Stuttgart 2006

옮긴이 **두행숙**

서강대학교 독어독문학과를 졸업하고 독일 뒤셀도르프대학교에서 독일문학으로 박사학위를 취득했다. 한국
교원대, 충북대, 중앙대 등에서 독일문학과 철학을 강의했고, 현재 서강대에서 독일문학, 독일문화사, 독일어
를 강의하며 번역 활동을 하고 있다. 주요 번역서로는 『스마트한 생각들』, 『스마트한 선택들』, 『시간이란 무
엇인가』, 『꿈꾸는 책들의 도시』, 『의사결정의 함정』, 『헤겔의 미학강의』, 『젊은 베르테르의 슬픔』, 『차라투스
트라는 이렇게 말했다』 등이 있다.

dhsintern@naver.com

너는 나에게 상처를 줄 수 없다 2

초판 1쇄 발행 2015년 4월 23일
초판 17쇄 발행 2023년 10월 30일

지은이 배르벨 바르데츠키 **옮긴이** 두행숙

발행인 이재진 **단행본사업본부장** 신동해
마케팅 최혜진 이은미 **홍보** 반여진 허지호 정지연 송임선
국제업무 김은정 **제작** 정석훈

브랜드 걷는나무
주소 경기도 파주시 회동길 20
문의전화 031-956-7211(편집) 02-3670-1123(마케팅)
홈페이지 www.wjbooks.co.kr
인스타그램 www.instagram.com/woongjin_readers
페이스북 www.facebook.com/woongjinreaders
블로그 blog.naver.com/wj_booking

발행처 ㈜웅진씽크빅
출판신고 1980년 3월 29일 제406-2007-000046호

한국어판 출판권 ⓒ 웅진씽크빅 2013
ISBN 978-89-01-20372-0 04180